Gisbert Greshake

GOTTES WILLEN TUN

W0235568

Gisbert Greshake

GOTTES WILLEN TUN

Gehorsam und
geistliche Unterscheidung

Herder

Freiburg · Basel · Wien

Der Schwesterngemeinschaft
„Caritas Socialis"
in herzlicher Verbundenheit
zugeeignet

Alle Rechte vorbehalten – Printed in Germany
© Verlag Herder Freiburg im Breisgau 1984
Imprimatur. – Freiburg i. Br., den 27. Januar 1984
Der Generalvikar: Dr. Schlund
Herstellung: Freiburger Graphische Betriebe 1984
ISBN 3-451-20120-8

Vorwort

Die vorliegende Schrift ging aus verschiedenen Einkehr-
tags- und Exerzitienvorträgen hervor. Damit ist gegeben,
daß sie nicht auf eine umfassende und allseits abgerun-
dete Theologie des „Hörens" und „Unterscheidens" abzielt, sondern geistliche Anregungen und Kriterien vermitteln möchte, und zwar in einem Bereich, der in der
gegenwärtigen kirchlichen Verkündigung, Pastoral und
Spiritualität eher vernachlässigt wird. Und doch dürfte
gerade in unserer pluralistischen Situation kaum eine andere Frage so wichtig sein wie die nach der „Unterscheidung des Christlichen", nicht nur im allgemeinen Sinn
(Was unterscheidet den christlichen Glauben von allen
anderen Lebenshaltungen und Weltanschauungen?), sondern auch in der ganz konkreten Fassung: Was ist mein
unverwechselbar eigener Glaubensweg, zu dem Gott
mich persönlich ruft? Wenn es im Glauben darum geht,
„als Sklave Christi von Herzen den Willen Gottes zu tun"
(Eph 6,6), der Wille Gottes aber je konkret ist, so kann
sich keiner davon dispensieren, nach seinem persönlichen Ruf zu fragen.

Diese Frage zu wecken und einige Wege und Kriterien
für das Finden einer Antwort zu geben, ist die Absicht
dieses Bändchens.

St. Georgen an der Leys, 30. November 1983,
am Fest des hl. Andreas, des „Erstgerufenen" (Joh 1,40)
Mar Elija

Gisbert Greshake

Inhalt

I

Was Gehorsam mit dem Evangelium zu tun hat

1. Die problematische „Tugend"

Schon das Wort „Gehorsam", mag es nun in Kirche, Staat oder anderen gesellschaftlichen Bereichen gebraucht werden, löst heute bei nicht wenigen Emotionen aus – positive oder negative. Die *einen* – gegenwärtig wohl der kleinere Teil – bejahen den Gehorsam von Herzen und geben ihm einen hohen Platz in der Werteskala, weil es ohne ihn keine Autorität und Ordnung, keine Einheit, Geschlossenheit und gemeinsame Zielstrebigkeit gebe. Die *anderen* dagegen – und diese sind derzeit wohl bei weitem in der Mehrzahl – melden mit Nachdruck die größten Vorbehalte gegen alles an, was mit Gehorsam zusammenhängt.

Gehorsam ist für sie ein ausgesprochen negatives Reizwort, dessen bloße Erwähnung nicht selten allergische Reaktionen nach sich zieht. Sie stimmen der Feststellung des Psychoanalytikers Alexander Mitscherlich zu, wonach Gehorsam *entweder* „der stärksten und unversieglichen Leidensquellen eine" ist, *oder* die „Tugend" der Schwachen und Infantilen, die sich damit Konflikte mit den Mächtigeren ersparen und „ungeschoren davonkommen" wollen[1].

Und zudem: Was hat die Berufung auf den Gehorsam nicht schon alles aus einzelnen und Gemeinschaften gemacht? Wieviel Lähmung von Kreativität und Phantasie ist davon ausgegangen! Wieviel Schaden ist entstanden durch kritiklose Hinnahme von schlechten oder weniger guten Weisungen und Anordnungen „von oben"! Wieviel Freiheit und Eigeninitiative sind durch – bisweilen brutale – Gehorsamsforderungen erdrückt worden!

Steht aber Freiheit nicht höher als Gehorsam? Und hat dies nicht auch die katholische Kirche anerkannt, da sie sich auf dem II. Vatikanischen Konzil mit bewegenden Worten zur Würde menschlicher Freiheit und Selbstbestimmung bekannte: „Die wahre Freiheit ist ein erhabenes Kennzeichen des Bildes Gottes im Menschen: Gott wollte nämlich den Menschen ‚in der Hand seines Entschlusses lassen' (Sir 15,14), so daß er seinen Schöpfer aus eigenem Entscheid suche und frei zur vollen und seligen Vollendung in Einheit mit Gott gelange. Die Würde des Menschen verlangt daher, daß er in bewußter und freier Wahl handle, das heißt personal, von innen her bewegt und geführt und nicht unter blindem inneren Drang oder unter bloßem äußeren Zwang" (GS 17). *Freiheit* scheint hiernach also das Kennzeichen der Kinder Gottes zu sein, persönliche Selbstverantwortung, Selbstbestimmung, Selbstverwirklichung, nicht Gehorsam, Fremdbestimmung, Fügsamkeit, Gängelei!

Und schließlich: Muß nicht der Blick auf nicht allzu ferne schreckliche Ereignisse auch dem Glaubenden zu denken geben? „Für den Theologen genügt schon der wiederholte Hinweis auf den Gehorsam im Munde Eichmanns, Höß' [= SS-Kommandant des KZs Auschwitz] und Tausender anderer, um das Wort in der Kehle stecken zu lassen", formuliert Dorothee Sölle[2]. Kurz: Der Gehorsam hat – scheint's – „seine theologische Unschuld verloren". Er stellt sich eher als Unwert denn als Wert dar.

Und doch haben wir ganz schlicht festzustellen, daß der Gehorsam – hier einmal ganz abgesehen von seiner Bedeutung für die gesellschaftliche Ordnung und das

Zusammenleben der Menschen – im christlichen Glauben eine zentrale Rolle spielt. Von den ersten Seiten der Heiligen Schrift angefangen, wo vom verweigerten Gehorsam Adams und seinen Folgen die Rede ist, über den Gehorsam Abrahams und der vom Gottesvolk Israel erwarteten Fügsamkeit bis hin zum Gehorsam Jesu Christi, der dann zur Grundhaltung und ständigen Herausforderung der Kirche und jedes einzelnen wurde, gehört der Gehorsam zum entscheidenden Gegenstand des geschriebenen und verkündeten Wortes Gottes.

Aber was heißt hier Gehorsam? Bedeutet er, daß ich gehalten bin, Anordnungen von Autoritäten, Befehle, Gesetze und Paragraphen unverzüglich und unbedingt zu befolgen? Ist der Gehorsam im Kontext des Glaubens von der Art des Merksatzes, den man früher(?) Kindern einprägte: „Ein gutes Kind gehorcht geschwind"? Ein guter Christ tut bedingungslos das, was „die Kirche" sagt, ein gutes Ordensmitglied das, was die Oberen anordnen, ein guter Priester das, was Papst und Bischöfe, Kirchenrecht und liturgische Vorschriften gebieten? Ist das die Grundgestalt christlichen Gehorsams?

Orientieren wir uns an der Heiligen Schrift.

2. Gehorsam – Grundhaltung Christi und des Christen

Gehorsam als Lebenshingabe

Eine der wichtigsten Aussagen zum Thema Gehorsam findet sich im sogenannten Christushymnus des Philipperbriefes (Phil 2, 5–8):

„Seid so gesinnt, wie es dem Leben in Christus Jesus entspricht:
Er war Gott gleich,
hielt aber nicht daran fest, wie Gott zu sein,

11

sondern er entäußerte sich
und wurde wie ein Sklave
und den Menschen gleich.
Sein Leben war das eines Menschen;
er erniedrigte sich
und war gehorsam bis zum Tod,
bis zum Tod am Kreuz."

Der Text beginnt mit der Aufforderung: „Seid so gesinnt, wie es dem Leben in Christus Jesus entspricht."[3] Diese „Entsprechung" ist dort am intensivsten gegeben, wo der Glaubende *die* Haltung verwirklicht, in welche die ganze Existenz Jesu Christi einmündete: Gehorsam bis zum Tod. Die Aufforderung dazu ist an die ganze Gemeinde, an alle Christen gerichtet, nicht etwa nur an eine bestimmte Gruppe, z. B. an besonders berufene Jünger (denen heute etwa der Räte-Stand der Kirche entsprechen würde) oder an die Apostel („Amtsträger"). Nein, alle sind aufgerufen, dem Leben und Sterben des gehorsamen Jesus zu entsprechen.

Dieser Ruf ist – genau besehen – weder bloßer Befehl noch moralischer Appell. Vielmehr geht es darum, das Leben in Jesus Christus, das den Glaubenden schon aus Gnade gewährt wurde und das sie in sich tragen, zur Auswirkung kommen zu lassen. Die Aufgabe erwächst aus der Gabe. Der geforderte Gehorsam ist Konsequenz des geschenkten neuen Lebens, nicht ethische Leistung. Gehorsam heißt, der Lebensgestalt Jesu ähnlich werden.

*Lebens*gestalt! Dies deutet unser Text an, wenn er sagt: Jesus war gehorsam *bis* zum Tod. Was sich am Kreuz zeigte, ist durchgehaltener Lebensgehorsam, Vollendung dessen, was von Anfang an seine irdische Existenz bestimmte, da er nicht an seiner göttlichen Würde und Herrlichkeit festhielt, sondern „sich entäußerte" und für uns zum „Sklaven" wurde.

Daß der Gehorsam das *Lebens*gesetz Jesu war, stellt ausdrücklich der Hebräerbrief (10,5 f.) heraus, wenn es heißt: „Christus spricht bei seinem Eintritt in die Welt: Schlacht- und Speiseopfer hast du nicht gefordert (Gott hat also nicht *etwas* gewollt!), doch einen Leib hast du mir geschaffen („Leib" – in der Sprache der Schrift –: ein konkretes menschliches Leben, das man wegschenken kann, ganz!); an Brand- und Sündopfern hast du keinen Gefallen. Da sagte ich: Ja, ich komme – so steht es über mich in der Schriftrolle –, um deinen Willen, Gott, zu tun."

Wenn Jesus dieses Wort des Gehorsams „bei seinem Eintritt in die Welt" sprach, so ist mit solcher Redeweise das Vorzeichen seines ganzen Lebens gemeint, Überschrift und Kurzformel von allem, was sich darin ereignen wird, gleichsam das „Apriori" seiner Existenz. Gehorsam ist nach dieser Schriftstelle: Übereignung seines ganzen Lebens an den Willen Gottes.

Ähnlich stellt die vorhin angeführte Stelle aus dem Philipperbrief den Gehorsam Jesu unter den Oberbegriff der „Selbstentäußerung". Im griechischen Urtext steht hierfür ein Wort, das wörtlich übersetzt „sich-leer-machen" bedeutet. Gemeint ist ein Leerwerden von Selbstbesitz und Selbstverfügung, um sich „von außen" (darum: Ent-äußer-ung), d.h. von einem andern her, bestimmen und beschenken zu lassen.

Was aber hat eine solche gehorsame Lebensübereignung für einen Sinn? Einen ersten Verstehenszugang können uns eine Fülle von allgemein-menschlichen Erfahrungen geben. Schon das neugeborene Kind kommt nicht wirklich „zur Welt" und erreicht nie seine personale Reife, wenn es nicht „von außen" angenommen, angelächelt, angesprochen wird und sich in diese liebende Annahme hineinfallen lassen kann. Nicht aus eigenem Können findet der Mensch sein wahres Selbst, sondern nur wenn andere zu ihm in Beziehung treten und er selbst aus sich heraus vertrauensvoll in die ihm eröffnete Beziehung eingeht.

Menschsein und Menschwerden haben vom ersten Augenblick an ihren Ort nicht in einsamer Selbstbeziehung, in einem geschlossenen Kreis, in dem das Ich immer nur sich gegenübersteht und – in verzweifelter Selbstsuche auf sich starrend – alles andere und alle anderen in diesen Zirkel hineinzuziehen sucht. Wahrhaft menschliches Leben ist nur möglich, wenn der erstickende Kreis im Hören und Vernehmen einer „Außeninstanz" aufgebrochen wird und das Selbst sich diesem „geben" kann, um sich neu zu „empfangen". „Alles Sein ist Mitsein", sagt Paul Claudel prägnant[4]. Solches „Mitsein" von Personen aber spielt sich ab im gegenseitigen Hören und Antworten, Geben und Empfangen.

Dieses Grundgesetz des Menschseins nimmt zwar auf den verschiedenen Lebensstufen eine je unterschiedliche Gestalt an – so ist das infantil-unbewußte Geschehen am Lebensbeginn anders als die bewußte und freigewollte personale Beziehung, in die der erwachsene Mensch einzutreten vermag –, aber die Struktur dieses „Geschehens" hält sich durch: Die Fähigkeit, „sich selbst an den Anderen und in sein Wesen völlig zu verlieren, ermöglicht es im Grunde auch erst, sich selbst zu finden"[5].

Am deutlichsten ist dies an der reifen personalen Liebesbeziehung ablesbar. Wenn zwei Menschen einander lieben, so treten sie buchstäblich aus sich heraus und sprechen in einem Akt der Selbstentäußerung und Lebensübereignung zueinander: „Ich bin für dich da!" – „Wir sind füreinander da!" Der Liebende will nicht für sich leben, sich selbst suchen, sein Glück allein besorgen. Er erwartet alles vom anderen und der andere von ihm. Liebe besteht buchstäblich im Austausch: jeder gibt sich dem anderen hin und empfängt sich vom anderen her. Jeder ist dem anderen Leben, Glück, Erfüllung.

In diesen menschlichen Erfahrungen zeigt sich etwas von der Urwahrheit des Wesens Mensch: Er ist zwar einzigartige und selbstzweckliche Person und besitzt die Würde der Freiheit und des Selbstandes. Aber er verwirklicht sein Personsein nur, wenn er es als Relation-Sein versteht, das heißt: wenn er sein Leben in Beziehung von einem andern her – auf einen anderen hin lebt. Freiheit und Selbstand sind um so größer, je mehr er sich – in Freiheit – auf einen anderen hin loslassen und die damit gegebenen Bindungen übernehmen kann.

Der andere – das kann der Nächste und Fernste sein, die mitmenschliche Gemeinschaft oder auch sachliche Aufgaben in ihrem Dienst. Letztlich aber weisen die vielfältigen, aus der Erfahrung bekannten Möglichkeiten auf einen tiefsten Grund, auf Gott, hin. Denn wenn auch jede wahre menschliche Liebe auf gegenseitiger Lebensübereignung beruht, so kann doch kein Mensch und keine Aufgabe *letzter* Bezugspunkt einer völligen und bedingungslosen Hingabe sein. Nichts Geschaffenes „verdient" es und kann es „ertragen", daß ich ihm Leben, Existenz und Freiheit, Hoffnungen und Sehnsüchte, alles, was ich bin und sein will, vorbehaltlos übergebe und von ihm her empfange.

Ganz Relation-Sein kann der Mensch nur in der Beziehung zu Gott. Er ist der schlechthin „andere", von dem her und auf den hin das Person-Sein definitiv zu gewinnen ist. Freiheit und Selbstand gibt es nur in dem Maß, wie das Geschöpf in Freiheit sich an Gott übergibt und bindet. Doch damit ist nicht etwa nur ein trautes, unmittelbares tête-à-tête des einzelnen mit seinem Gott gemeint. Denn Gott ist nicht ein abstraktes höchstes X, sondern der „Immanuel", der „Gott der Menschen". Das eigene Leben in die Beziehung zu ihm einbringen und sich an ihn binden heißt darum notwendig auch: sein Leben in Beziehung mit den Menschenbrüdern und -schwestern führen, Proexistenz für sie sein, in ihrem Dienst stehen. Kurz: der Gehorsam gegen Gott ist konkret vermittelt durch den Gehorsam, d. h. durch die von sich absehende Hinwendung der Liebe zum Nächsten.

Darum wird in Phil 2, 2 ff. der Gehorsam Jesu *Gott gegenüber* der Gemeinde als Modell des Gehorsams *untereinander* vorgehalten: das Gehorsamsein hat sich konkret darin zu verwirklichen, daß die Christen „eines Sinnes sind, einander in Liebe verbunden, einmütig und einträchtig, daß nichts aus Ehrgeiz und Prahlerei getan wird, daß einer in Demut den andern höher einschätze als sich selbst, daß jeder nicht nur auf das eigene Wohl, sondern auch auf das des anderen achte". In solchem „Exzentrischwerden" auf den andern (und darin auf Gott) hin, verwirklicht der Mensch – als einzelner und in Gemeinschaft – sein authentisches Sein als Person.

Diese Urwahrheit vom Menschen, daß man sich „verlieren" muß, um sich zu „gewinnen", jene Wahrheit, die in jeder wirklichen Liebe aufleuchtet und erfahrbar wird, kommt in Jesus Christus zu ihrer unüberbietbaren Vollendung. Das, was Jesus seinem innersten göttlichen Wesen nach ist – der Sohn, der ganz aus dem Vater hervorgeht und ganz auf ihn hin ist –, das verwirklicht er auch in seiner menschlichen Seinsweise. Er ist „ganz Relation", das heißt: er ist ohne Einschränkung für Gott und seine Sendung zum Heil der Menschen da, behält sich nichts vor, hält sich an nichts fest, will nichts aus sich selbst sein, sondern gibt sich vorbehaltlos weg an den Vater, von dem er alles: Leben, Freude und Glück erwartet.

„Meine Speise ist es, den Willen dessen zu tun, der mich gesandt hat", sagt Jesus im Johannesevangelium

(4,34). „Meine Speise", also das, was ihn „sättigt", ihm Befriedigung und Erfüllung bringt, was ihn leben läßt und sein Innerstes ausmacht, das ist die Hingabe an den Willen des Vaters, der durch ihn sein Heil für die Menschen wirken will. Jesus lebt „nicht nur vom Brot" und schon gar nicht vom Brot, das er sich selbst, wie der Versucher will, verschafft, „sondern von jedem Wort, das aus Gottes Mund kommt" (Mt 4,4). Leben ist für ihn Geschenk vom Vater, an ihn gibt er es zurück; von ihm empfängt er Glück und Lebenserfüllung, ihn will er aber auch glücklich machen, auf daß dieser sprechen kann: „Du bist mein geliebter Sohn, an dir habe ich Gefallen gefunden" (Mk 1,11). So ist Jesu Existenz „reine Relation", d.h. sein Leben steht ganz und gar in der Beziehung der Liebe zum Vater und damit zu allen Menschen.

Doch wenn man sein Leben so lebt, gibt man es aus der Hand, man verfügt nicht mehr darüber, man überblickt nicht mehr, was daraus wird. Es kann sein, daß alles ganz anders kommt, als man selbst es plant und erwartet. Es kann sein, daß der Partner die eigene Person so beansprucht, wie man es nicht vorhersah; ja, vielleicht auch – mindestens spontan – gar nicht möchte. Das Leben wird zum unübersehbaren „Abenteuer".

Für Jesus bedeutet es Leben und Glück, sich dem Vater zu übereignen. Aber der Vater macht einen befremdlichen „Gebrauch" von dieser Lebenshingabe. Er nimmt den eigenen Sohn bis zum letzten „beim Wort", indem er ihn in den Tod führt. So wird der Wille des Vaters zu einem dunklen „Muß" (wie es die Evangelien oftmals betonen), zu einem Weg, an dessen Ende das Kreuz, Inbegriff scheinbarer Vergeblichkeit, Sinnlosigkeit und gescheiterter Lebenserfüllung, steht. Aber gerade darin wird auch die äußerste vorbehaltlose Konsequenz offenbar, mit der

17

Jesus sich dem Vater hingibt, der auf diese Weise unser aller Heil wirken will.

Jesus betrachtet seinen Tod nicht als unausweichlich dumpfes Schicksal, das über ihn hereinbricht, sondern als willige gehorsame Hingabe des Lebens. „Niemand entreißt es mir, ich gebe es aus freiem Willen hin" (Joh 10,18; vgl. auch Mk 10,45). Selbst da, wo er nichts mehr versteht, wo alles dunkel ist und der Vater sogar die Erfahrung seiner Gegenwart und Liebe entzieht, bleibt er gehorsam. „Nicht mein, sondern dein Wille soll geschehen", spricht er am Ölberg (Lk 22,42).

Und auch aus dem letzten Wort am Kreuz, wie es das Markusevangelium tradiert („Gott, mein Gott, warum hast du mich verlassen": Mk 15,34), darf nicht eine abgrundtiefe Verzweiflung, sondern ein verzweifeltes Vertrauen herausgehört werden: „Gott, *mein* Gott" – trotz allem![6] Mag sich auch, menschlich gesehen, am Kreuz sein ganzes Leben und Wirken als „vergeblich" und „sinnlos" erweisen: der Sohn bleibt selbst im äußersten Dunkel dem Vater zugewandt. Denn „das Geheimnis der leeren und gefesselten Hände hat seinen Grund im Geheimnis des randvoll gefüllten Herzens"[7], das Liebe, Vertrauen und Gehorsam nicht und niemals zurückzieht. Das bringen je auf ihre Weise auch die übrigen Evangelisten zum Ausdruck. Für Lukas mündet die unbeirrbare Gehorsamshaltung Jesu in das Wort ein: „Vater, in deine Hände lege ich meinen Geist" (Lk 23,46). Und das Johannesevangelium läßt Jesus sagen: „Es ist vollbracht" (Joh 19,30), „es", nämlich das Werk der Erlösung und Heilsoffenbarung, zu dem er für uns vom Vater gesandt war.

So sind die letzten Worte Jesu wie sein erstes (Hebr 10,6) Kundgabe seiner Lebensübereignung an den Vater,

Wahrzeichen dafür, daß seine Existenz von Anfang bis zum Ende von der Haltung des Gehorsams geprägt war.

Im Blick auf Jesus wird deutlich, was Gehorsam für den Christen, der als Jünger seinem Herrn folgen möchte, heißt. Christlicher Gehorsam läßt sich nicht einfach in den Leitsätzen umschreiben: „Der Weisung einer rechtmäßigen Autorität ist Folge zu leisten!", oder: „Befehl ist Befehl!", oder: „Ein gutes Kind gehorcht geschwind!" So würde Gehorsam nur „etwas" an mir betreffen: die unverzügliche Ausführung eines Befehls, das Einhalten einer Ordnung, das Beachten einer Regel oder dergleichen. Nein, Gehorsam, „wie es dem Leben in Jesus Christus entspricht", bedeutet, sich in die tiefste Haltung Jesu einzulassen, in die Haltung der Lebensübergabe an Gott und der Verfügbarkeit für das Glück und Heil der Mitmenschen. Gehorsam heißt, „als Sklaven Christi von Herzen den Willen Gottes tun" (Eph 6,6).

So macht diese Grundhaltung des Evangeliums das, was Liebe ist, konkret: Nicht aus sich heraus und für sich selbst leben, sondern vom andern her und auf den andern, auf Gott und seine allumfassende Liebe hin leben! Dabei setzt der Gehorsam voraus, daß, so wie Jesus eine Sendung vom Vater her besaß und sein ganzes Leben eine einzige gehorsame Antwort auf dessen Wort war, auch jeder Jünger einen persönlichen Ruf Gottes hat, ja, jeder ein Ruf Gottes *ist*. Denn jeder ist von Gott „beim Namen gerufen" (vgl. Jes 43,1)[8], damit das ganze Leben eine einmalige Antwort auf Gottes einmaliges Wort sei.

Auf *Gottes* Wort! Denn Gehorsam im Sinne radikaler Lebensübergabe kann und darf man nur Gott gegenüber verwirklichen. Menschen und Institutionen, Ordnung und Regel verdienen Gehorsam nur, wenn und insoweit Gottes Wort und Ruf darin oder dahinter aufleuchtet.

Gehorsam als „Hörsamkeit"

Lebensübereignung an Gott auf seinen Ruf hin, ist die Mitte christlichen Gehorsams. Dies aber setzt Gehorsam als *Hörenkönnen* voraus. Darauf weist in der deutschen Sprache schon die Gleichheit der Wortstämme hin: Ge*horsam* – *Hörsam*keit; Ge*horchen* – *Horchen*. Wenn man im Gehorsam einem anderen, Gott, ge-*hört*, muß man *hören* auf das Wort, das, gleichsam „von außen" kommend, das Leben in Beschlag nimmt. Denn wenn es auch der eigene freie Entschluß ist, der sich zum Gehorsam Gott gegenüber bestimmt, so ist doch der unmittelbare Bestimmungsgrund nicht eigene Einsicht, sondern Einsicht und Wille Gottes, die man hörend entgegennimmt und denen man im Akt des Gehorsams Vertrauen schenkt. Deshalb ist mit Gehorsam unzertrennlich verbunden das Hinhören auf das Wort Gottes in Heiliger Schrift und Glaubensverkündigung, auf die Forderung der Stunde und das leise Wort der Stille, und nicht zuletzt auf das, was Lebenssituation und Begegnung mit anderen Menschen an Herausforderung und Zumutung von Gott her in sich tragen.

Die enge Verknüpfung von Gehorsam als Lebenshingabe und Gehorsam als „Hörsamkeit" geht auch aus der doppelten Fassung hervor, in der uns Ps 40,7–9 tradiert ist. An der schon besprochenen Stelle aus dem Hebräerbrief (10,5 ff.) ist die griechische (LXX) Psalmenüberlieferung zitiert. Hier hieß es: „Schlacht- und Speiseopfer hast du nicht gefordert, doch einen *Leib* hast du mir geschaffen ... Ja, ich komme ... um deinen Willen, Gott, zu tun." In der hebräischen Textform dagegen lautet der gleiche Vers: „Schlacht- und Speiseopfer hast du nicht gefordert, doch ein *Gehör* hast du mir geschlagen ... Ja, ich komme ..." „Ein Gehör hast du mir geschlagen!" Gott hat uns

Ohren gemacht, Ohren des Leibes und des Geistes; er hat sie buchstäblich aus uns „herausgeschlagen", damit wir aus dem verschlossenen Binnenraum unseres Selbst „heraus-kommen". Um das Werben seiner Liebe zu hören und ihm die Antwort geben zu können: „Ja, ich komme, um deinen Willen, Gott, zu tun", hat Gott uns beides bereitet: ein Gehör, um sein Wort zu vernehmen, und einen Leib, d. h. ein Leben, das wir ihm übergeben können.

Deshalb ist das „Urwort" Gottes an Israel, dessen sich bis heute jeder gläubige Jude tagtäglich mehrmals erinnert, das „Schema Jisrael!", das „Höre Israel!" (Dtn 6, 4). Und es ist wohl nicht von ungefähr, daß die Regel Benedikts, die nicht nur für das Mönchtum, sondern insgesamt für das Glaubensleben des abendländischen Christentums maßgeblich wurde, mit dem Wort „Ausculta!" – „Höre!" anhebt. So gehört zum Gehorsam, wie er an Jesus Christus und an den andern großen Gestalten des Glaubens vor ihm und nach ihm aufleuchtet, zweierlei: Das Hören und das Umsetzen des Gehörten in die Tat, beides aber nicht als gelegentliches, „akzidentelles" Tun, sondern als Haltungen, die das Leben von Grund auf als Ganzes bestimmen.

Die Last des Gehorsams

Auch wenn es, wie die Erfahrung von Liebenden zeigt, schön, erfüllend und beglückend ist, nicht bei sich selbst zu bleiben, sondern sein Leben als Beziehung (vom andern her – auf den andern hin) zu leben, so ist doch die gehorsame, so oft vom Dunkel des Glaubens geprägte Lebensübergabe an den unbegreiflichen Gott schwer, das Schwerste, was der Mensch vollbringen kann. Vom Gehorsam kann man darum nicht sprechen, ohne auf den –

wie die Benedikt-Regel sagt – „labor oboedientiae" –, auf die „Mühe des Gehorsams", hinzuweisen.

Auch Jesus erfuhr die Last des Gehorsams, die zu tragen er *lernen* mußte. So heißt es im Hebräerbrief mit deutlicher Anspielung an die Ölbergszene: „Als er auf Erden lebte, hat er mit lautem Schreien und unter Tränen Gebete und Bitten vor den gebracht, der ihn aus dem Tod retten konnte ... Obwohl er der Sohn war, hat er durch Leiden Gehorsam gelernt" (5,7 f.). Wenn schon er die gehorsame Lebensübereignung an Gott *lernen* mußte, so gilt dies erst recht von denen, die ihm folgen. Gehorsam ist nicht etwas, was man „kann", womöglich ein für allemal, wenn man es sich nur recht vornimmt, sondern wohin man allenfalls in einem leidvollen Prozeß Schritt für Schritt geführt wird.

Nicht anders „verheißt" der johanneische Jesus es Petrus, dem Prototyp aller Jüngerschaft: „Als du noch jung warst, hast du dich selbst gegürtet und konntest gehen, wohin du wolltest. Wenn du aber alt geworden bist, wirst du deine Hände ausstrecken und ein anderer wird dich gürten und dich führen, wohin du nicht willst" (Joh 21,18). Wenn man sich auf den Weg Jesu macht, kommt man unweigerlich dort an, wohin man „nicht wollte" und wohin zu gehen sich zunächst einmal alle spontanen Strebungen des Herzens widersetzten: ans Kreuz. Und doch ist für den Jünger das „Nichtwollen" unterfangen von einer grundsätzlicheren Bejahung, da er weiß: solcher Gehorsam ist Nachgehen des Weges Jesu, er macht gleich ihm verfügbar zum Einsatz für das Glück und Heil der anderen und ist Ausdruck der Gemeinschaft mit Gott, von der der Jünger die Erfüllung und Vollendung seines Lebens erwartet.

Dennoch bleibt die Last des Weges. Vielleicht ist es noch leicht, in einer Aufwallung religiösen Gemüts und in der Stille des Gebetes mit den großen Glaubenden zu sprechen: „Vater, ich überlasse mich dir, mach mit mir, was dir gefällt" (Charles de Foucauld), oder: „Nimm hin meine ganze Freiheit" (Ignatius von Loyola), oder: „Nimm mich mir und gib mich ganz zu eigen dir" (Klaus von der Flüe). Aber was ist, wenn Gott dieses Gebet ganz beim Wort nimmt und es wirklich erhört? Wenn wir privat im Gebet oder öffentlich bei einer verbindlichen Lebensweihe sagen: „Adsum!" – „Ich bin bereit, Gott, verfüge du über mich!", so stellen wir ihm mit dieser grundsätzlichen Bereitschaft zunächst gleichsam nur ein Bündel von Blanko-Schecks aus, also von Schecks, deren Wertangabe offen ist. Wenn dann im Laufe des Lebens diese Schecks mit einer bestimmten Summe präsentiert werden und zu zahlen sind, werden wir nicht selten erschrocken sein über die Höhe und über die „Währung" der von Gott eingetragenen Summe. Das haben wir nicht erwartet – das nicht! Der Gehorsam wird zum unwillkommenen, lästigen Störfaktor im überblickbaren Kreis unserer eigenen Lebensentwürfe.

So gehört das Erschrecken über das Wort Jesu: „Man wird dich führen, wohin du nicht willst", ebenso zum Gehorsam wie die Erfahrung, daß es schön, gut und befreiend ist, sein Leben Gott anheimzustellen, es mit all seinen Sorgen auf ihn zu werfen (vgl. 1 Petr 5,7) und zu wissen, daß es nun in guten Händen liegt.

Woher aber kommt die Last des Gehorsams?

Jeder Mensch sehnt sich danach, ganz „selbst" zu werden, das bedeutet: seine Möglichkeiten und Fähigkeiten auszuschöpfen, seine Lebenswünsche zu erfüllen und so ganz „heil", ganz mit sich „eins" zu sein. Nun ist aber – wie wir schon sahen – das geistbegabte Geschöpf von Schöpfung her so angelegt, daß es sich nur gewinnt, wenn es „exzentrisch" wird, d. h., wenn es sich aus der

Hand gibt und sich vertrauensvoll dem „andern" und darin letztlich Gott überläßt. Diese Wahrheit faßt Martin Luther in dem schönen Wort zusammen: „Nos extra nos esse", frei übersetzt: „Unser Sein ist so beschaffen, daß es außerhalb unserer selbst begründet ist." Wahres Leben, Glück und Identität finden wir nicht, indem wir bei uns bleiben, sondern *in* Beziehung, ja *als* Beziehung leben. So ist der Grund-Satz des Gehorsams: „Ich bin für dich und erwarte alles von dir!" die Urformel authentischen Menschseins.

Doch in jedem Menschen ist der Wunsch, „selbst" zu werden, mit dem Streben verquickt, „verzweifelt selbst sein zu wollen" – wie Sören Kierkegaard sagt[9] –, d. h. in sich selbst Stand und Ziel zu gewinnen und alles auf sich hin zu zentrieren. „Verzweifelt" ist dieses Streben – nach Kierkegaard – deshalb, weil der Versuch, das „Gottgleichsein" (vgl. Gen 3,5) selbst ergreifen und sich selbst Lebenserfüllung beschaffen zu können *ohne* oder gar *gegen* die Leben verheißende Weisung Gottes sich als ein sinnloser Wahn herausstellt, der geradewegs in den Tod führt (vgl. Röm 5,12 ff.) und den Verlust des wahren Lebens zur Folge hat. Darum führt der Ungehorsam, der sich nach dem Urwort der Sünde: „Ich bin ich, und alles hat für mich zu sein!" vollzieht, paradoxerweise gerade zum Verfehlen der eigenen Identität. Sünde ist darum – wie wiederum Kierkegaard bemerkt – in Wirklichkeit der Versuch, „vor Gott verzweifelt nicht man selbst sein zu wollen"[10].

Genau dieses Streben, „verzweifelt selbst sein zu wollen", führt zur Katastrophe des Sündenfalls. Seit „Adam" bestimmt der Ungehorsam die Geschichte der Menschheit und jedes einzelnen. Jeder wird in eine Familie, Gesellschaft, Welt hineingeboren, die unter dem Motto des „Ich bin ich" steht, der Selbstzentriertheit und Unfähigkeit, sein Dasein als Beziehung zu leben. Der Ungehorsam des einen Adam wurde zu einer ansteckenden, alles in seinen Bann ziehenden Potenz, die bewirkt, daß der Mensch von Haus aus narzißtisch-unfrei auf sich selbst starrt und außerstande ist, sein Leben aus der Hand zu geben, um es gerade so in neuer Weise zurückzuerhalten.

Das gilt nicht nur von der (direkten) Beziehung des Menschen zu Gott: Denn wo diese Grundbeziehung vom Geschöpf her gekündigt wurde, werden auch die vielfältigen darin gründenden anderen Beziehungen, in denen menschliches Leben steht, zerstört und pervertiert: An die Stelle gegenseitiger Liebe treten die Macht des einen über den andern und die Instrumentalisierung des Mitmenschen für den eigenen Nutzen und Vorteil (vgl. Gen 3,16b); anstatt der Harmonie und des Friedens zwischen Mensch und Welt hebt nun der „Kampf ums Dasein" (3,17f.) an mit wechselnden Siegern und Besiegten.

Auf dem Hintergrund des menschlichen Ungehorsams und seiner tödlichen Folgen ist Jesus Christus gerade in seinem Gehorsam der „neue Adam", welcher die Urbestimmung der Schöpfung: „Ich bin von dir her und auf dich hin, mein Gott!" in seinem Leben bis zum äußersten verwirklichte. Darin hat er auch uns den Weg gebahnt, den Bann des Ungehorsams, d.h. sowohl die Unfähigkeit zum Hören wie auch die Verweigerung der Lebenshingabe, zu überwinden.

Doch bleibt das Erbe Adams, solange wir auf dem Wege sind, als mühsame Last wirksam. Immer neu steht die Frage zur Entscheidung an: Wem ge-„höre" ich – mir selbst oder Gott und seinem Ruf zur Liebe? Wie verwirkliche ich mich: auf mich starrend und mich festhaltend oder von mir wegblickend und mich loslassend?

Damit ist auch angedeutet, was vom derzeitigen, auch

bei vielen gläubigen Menschen hoch im Kurs stehenden Leitwort „Selbstverwirklichung" zu halten ist[11]. Zunächst einmal teilt es das Schicksal jedes Modeworts: es ist zutiefst vieldeutig. Wenn mit Selbstverwirklichung gemeint sein soll, daß ich als der von Gott „Bei-seinem-Namen-Gerufene" und darum unverwechselbare Eine meinen unverwechselbaren Weg gehen muß, so ist damit eine tiefe Wahrheit des Glaubens angepeilt: Ich soll tatsächlich den mir von Gott bereiteten, ganz persönlichen Weg gehen und darin dem Ruf, der ich selbst bin, entsprechen. Doch ist damit die Frage noch offen: Auf welche Weise? Indem ich bei mir bleibe und alles in den Kreis meiner Selbstsuche einbeziehe oder indem ich gerade von mir absehe, weg-höre, mein „Leben verliere (um es zu gewinnen)" (vgl. Mt 10,39 par.)?

Ein Vergleich kann diese doppelte Möglichkeit illustrieren: Das Ohr verwirklicht sich selbst darin, daß es dem Ganzen des Organismus dient, und das heißt, daß es sich ins Weite ausspannt und die Stimme der Wirklichkeit wahrnimmt. Im lauschenden, selbstvergessenden „Weg-hören" auf das Begegnende und Zukommende ist also das Gehör ganz es selbst. Wo es sich dagegen auf sich selbst richtet und sich selbst hört – etwa beim Phänomen des Ohrenrauschens – ist es krank; es verstellt die Stimme der Außenwelt und verwirklicht so gerade nicht sich selbst. Nur in der „Selbstvergessenheit" (biblisch: im „Verlieren" des Lebens) wird es mit sich identisch („gewinnt es sich").

Ein anderes Bild: Wer bei jedem Schritt, den er tut, auf seine Füße starrt und das eigene Ausschreiten reflektiert, wird unsicher und stolpert. Wer dagegen von sich weg auf das Ziel blickt, vermag wie selbstverständlich voranzugehen. Das gilt auch vom Menschen, der vor Gott seinen eigenen Weg sucht. „Sowenig der Nachfolgende sich darum kümmern darf, was er essen und trinken, was er anziehen wird (Mt 6,31), sowenig soll er sich um die religiöse Kosmetik seines Ich kümmern"[12], ja sein Ich ins direkte Visier nehmen. Denn die ersehnte Selbstverwirklichung wird gerade dort erreicht, wo man sein (egozentrisches) Ich lassen kann und in der Relation zu Gott und zu den Menschen wahrhaft „allgemein" wird.

Deshalb müssen ständig neu die verführerisch täuschenden Stimmen in mir und um mich herum entlarvt werden, welche sagen, Identität fände ich nur in mir selbst, fügsame Lebenshingabe sei Infantilismus, Dummheit oder verantwortungslose Aufgabe der eigenen Freiheit. Das genaue Gegenteil ist wahr: Solange ich an mich gefesselt bin und Angst habe, aus dem Schneckenhaus meiner eigenen Ichbezogenheit herauszukommen, bleibe ich, in kindlichem Narzißmus verstrickt, höchst unfrei. Reife und Freiheit ist nur zu gewinnen, wenn man das Wagnis des Vertrauens aufbringt und sich in die Weite eines Beziehungsgefüges stellt, in welchem man hörend und liebend vom anderen her und auf den anderen hin lebt.

Freiheit steht nie in sich selbst. Um eine Entscheidung, *wem* die Freiheit zu übergeben ist, kommt man deshalb nicht herum, wie Paulus hervorhebt: „Ihr wißt doch: Wenn ihr euch als Sklaven zum Gehorsam verpflichtet, dann seid ihr Sklaven dessen, dem ihr gehorchen müßt; ihr seid entweder Sklaven der Sünde, die zum Tod führt, oder des Gehorsams (Gott gegenüber), der zur Gerechtigkeit (= zum „Richtigsein") führt. Gott aber sei Dank; denn ihr wart Sklaven der Sünde, seid jedoch von Herzen der Lehre gehorsam geworden, an die ihr übergeben wurdet" (Röm 6,16f.). Doch diese Entscheidung zum Glauben und zur Nachfolge des gehorsamen Jesus muß sich immer wieder gegen die laute Stimme und gewaltige

Schwerkraft Adams, der sich nicht aus der Hand geben will und das Risiko der Lebensübergabe scheut, in mir durchsetzen. Durchsetzen aber auch gegen eine vom Bösen infizierte Welt um mich herum, in der Hören auf Gott und Hingabe an ihn unweigerlich dorthin „führen", wohin man nicht will: ans Kreuz. Darin liegt die ständige Last, aber auch die ständige Herausforderung und das ständige Abenteuer des Gehorsams.

Gehorsam ist also keine Sache kleiner Geister. Er bedeutet weder bequemen Verzicht darauf, sein Leben in freier Verantwortung zu führen, noch ist ein blinder Kadavergehorsam gemeint, der das Personsein des Menschen entwürdigt. Im Gegenteil! Gehorsam ist gerade die Haltung wirklicher Mündigkeit, die über sich selbst und die eigenen narzißtischen Selbstbefriedigungs- und Selbstbehauptungswünsche hinauswächst, er ist der Weg in die Freiheit der Kinder Gottes, die wie Jesus auf den Ruf ihres Vaters hören und ihr Leben ihm und seiner allumfassenden Liebe anheimstellen.

3. Gehorsam und Gesetz

Für nicht wenige Christen ist Gehorsam nahezu identisch mit der Bereitschaft, kirchliche, staatliche und gesellschaftliche Befehle, Gesetze und Regeln einzuhalten. Daß dies nicht Mitte und Ursinn des Gehorsams ist, wurde bereits herausgestellt. Doch wie verhält sich tatsächlich Gehorsam in der vollen christlichen Bedeutung zu dieser Weise der „Folgsamkeit"?

Hier gilt zunächst einmal grundsätzlich: Die vielfältigen Ordnungen der Schöpfung, die der Mensch zu entdecken vermag, sowie die Ordnung schaffenden Weisungen rechtmäßiger Autoritäten und Institutionen sind Erscheinungsformen und Vermittlungsinstanzen, in denen sich Gottes Leben verheißendes Wort und sein Heil schaffender Wille verleiblichen und vernehmbar machen. Wenn nun das Hören auf Gottes Ruf für den Gehorsam wesentlich ist, so zeigt sich auch das Erhorchen, Ernstnehmen und Bejahen der unzähligen „Regelkreise" der Welt als ein unerläßlicher Teil des christlichen Gehorsams.

Aber mehr noch: Gott hat nicht nur seiner Schöpfung eine gute Lebensordnung eingestiftet und nicht nur dem Menschen die Fähigkeit gegeben, kraft Vernunft und Gewissen diese Ordnung zu vernehmen und auszugestalten: er hat darüber hinaus auch durch charismatische Führer- und Prophetengestalten Israel „sein Gesetz" und an dessen Spitze die „Zehn Worte des Lebens" mitgeteilt. Israel hat dieses Gottesgesetz nicht als Last und Freiheitsbeschränkung entgegengenommen, sondern als Hilfe, die Einsicht und Erleuchtung vermittelt (vgl. Ps 119,130), als Gabe, die Leben schenkt (Ps 119,93.144) und Glück (Ps 119,56), als Weisung, die „Leuchte und Licht" ist auf dem Lebensweg (119,105).

Das Gesetz Gottes steckt gleichsam den Bereich ab, in dem sich „rundherum" gut leben läßt und der Mensch Gefallen finden kann an Gottes schöner Welt. Darum sind Freude, Glück und Lobpreis die Antwort Israels auf Gottes Wegweisung und – nicht zuletzt – der dankbare Stolz, Adressat dieser Gottesordnung zu sein. „Wo ist" – läßt das Buch Deuteronomium Mose sagen (4,8) –, „Wo ist sonst eine große Nation, welche Gesetze und Rechtsnormen besäße, die so sachgemäß sind wie alles in dieser Weisung, die ich euch heute vorlege?" Das Gesetz ist also Heilsgabe Gottes, und der Gehorsam gegen das Gesetz – prinzipiell! – ein Weg, sein Leben in guter Gottesordnung zu verwirklichen.

Dies war auch die Einstellung Jesu. Auf der ganzen Breite seines Lebens hat er sich den profanen wie religiösen Gesetzen, Regeln und Sitten seiner Zeit unterworfen. Auch hierin fand er den Willen des Vaters ausgedrückt. „Als die Fülle der Zeit kam, sandte Gott seinen Sohn, geboren von der Frau *und dem Gesetz untertan*" (Gal 4,4). Und wie er selbst das Gesetz beachtete, so hält er auch dem Menschen, der ihn nach dem rechten, gültiges Leben vermittelnden Tun fragt, vor: „Du kennst die Gebote!" (Mk 10,19; s.a. Lk 10,26).

Aber dies ist nur die eine Seite. Denn auf der anderen Seite konnte Jesus in souveräner Freiheit Gesetze, Vorschriften und Bräuche seiner Zeit relativieren, selbst diejenigen, in denen sich für den frommen Juden eindeutig und unüberbietbar der Wille Gottes ausdrückte, so z.B. im Sabbatgesetz (wie es damals verstanden und praktiziert wurde). Wer sich darüber hinwegsetzte, brach nach jüdischer Auffassung die ganze Tora. Die Freiheit Jesu gegenüber dem Gesetz war sicher mit ein Grund dafür, daß er zum Kreuzestod verurteilt wurde.

Aber warum hat Jesus das Gesetz – jedenfalls das Gesetz, wie es in seiner Zeit verstanden wurde – relativiert? Nicht weil es so „einfacher" war und nicht aus Lust und Laune, auch nicht aus Überheblichkeit, sondern weil er gegenüber einem starren Gesetzesverständnis, das dessen Heilssinn verstellte, die eigentliche, Leben garantierende Intention der göttlichen Weisung freilegen und überdies zum Ausdruck bringen wollte, daß Gottes Wille nicht nur und nicht ausschließlich im Gesetz, und schon gar nicht im eng-buchstabenmäßig verstandenen Gesetz, zur Geltung kommt. Denn das Gesetz ist immer allgemein. Es sagt, was jeder zu jeder Zeit tun soll. Der Ruf Gottes aber ist konkret, er sagt, was ich hier und jetzt zu tun habe.

Das Gesetz verlangt bestimmte abgegrenzte Pflichten und klar umschriebene Aufgaben von mir: Tu das, tu jenes! Gott aber verlangt alles: „Du sollst den Herrn, deinen Gott, lieben mit ganzem Herzen und ganzer Seele, mit all deinen Kräften und all deinen Gedanken, und: Deinen Nächsten sollst du lieben wie dich selbst" (Lk 10, 27).

Solch vorbehaltlose Liebe, die Jesus verkündet und gelebt hat, läßt sich nicht mehr in Buchstaben und Gesetzen konkretisieren. Aufforderung und Gelegenheit dazu ergeben sich aus einer bestimmten Situation, Begegnung oder Erfahrung, sie können Frucht einer Einsicht sein, die beim ruhigen Nachdenken über sich selbst, beim Lesen der Heiligen Schrift oder beim Hören der Glaubensverkündigung einen „überfällt". Kurz: Aufforderung und Gelegenheit zur gehorsamen Erfüllung des Liebesgebots stellen sich als „Anruf der Stunde" dar. Im unverfügbaren Hier und Jetzt ergeht Gottes unverfügbarer Ruf an den Menschen.

Dies ist sehr treffend im sogenannten Gleichnis vom barmherzigen Samariter zum Ausdruck gebracht. Der Pharisäer fragt: „Wer ist denn mein Nächster?" Er möchte eine klare Weisung, eine eindeutig-verbindliche Antwort, sozusagen eine gesetzliche Konkretisierung des Liebesgebotes. Doch statt einer übersichtlichen Vorschrift darüber, was genau zu tun ist, antwortet Jesus mit einer *konkreten Geschichte*. Mein Nächster, das ist weder der, den ich mir selbst aussuche, noch der, den mir Befehle, Regeln oder Kirchenordnungen vorschreiben, sondern es ist der, auf den ich beim Gehen meines Lebensweges „von Jerusalem nach Jericho" stoße, wenn ich nur meine Augen und Ohren aufmache.

Weil Jesus davon überzeugt ist, daß der Wille des Vaters ihn im Hier und Heute erreicht, ist sein Verhalten durch und durch von der Freiheit gegenüber dem Gesetz bestimmt.

Mit Freiheit ist dabei nicht in erster Linie Wahlfreiheit gemeint, also das Vermögen, zwischen mehreren Möglichkeiten auswählen zu können, sondern die Fähigkeit, ohne vorgefaßte Festlegungen, eingefahrene Verhaltensmuster und sklavische Bindungen an seine Trägheiten und Triebe, Vorlieben und Stimmungen offen und bereit zu sein, sich je neu von Gottes Ruf treffen und bestimmen zu lassen. Eben darin liegt die wahre Freiheit und „Selbstmacht", wie Jesus sie versteht: das Leben „hinzugeben und es wieder zu nehmen", ganz so, wie immer der Auftrag des Vaters lautet (vgl. Joh 10, 18).

Dieser „Auftrag" kann *im Gesetz* seinen Ausdruck finden (und damit sind Vorschriften jeder Art gemeint: die Ordnungen menschlichen Zusammenlebens, Institutionen, Gebräuche, konkrete Anweisungen), er kann *neben dem Gesetz* ergehen, er kann gegebenenfalls auch *gegen das Gesetz* stehen. „Der Menschensohn ist Herr auch über den Sabbat" (Luk 2, 28), d. h., er ist Herr über das höchste, alles einbegreifende Gesetz, wie es seine Zeit verstand.

Die damit gegebene Relativierung des Gesetzes bedeutet nicht etwa Aufweichung des Gehorsams, sondern dessen Verschärfung. Da man den Willen Gottes, seine Weisung zum wahren Leben, nicht einfach in den Buchstaben und Paragraphen eines Gesetzes „hat", muß er stets gesucht und er-horcht werden, ist immer wieder jene innere Freiheit zu erringen, die dazu fähig macht, aus den eingefahrenen Bahnen auszubrechen und sich aufs neue vom Ruf Gottes bestimmen zu lassen.

Wenn Rainer Maria Rilke von Gott spricht als vom „Gast, der immer weiter geht", so ist in diesem Bilde auch etwas für den Gehorsam Entscheidendes zum Ausdruck gebracht: Mit Gott läßt sich nur dann Gemeinschaft hal-

ten und seine Stimme vernehmen, wenn man weiter mit-
geht und nicht glaubt, ihn im wohleingerichteten Zimmer
des eigenen Hauses ein für allemal aufgenommen zu haben.

Rilkes Bild läßt an Abraham denken. Auch er mußte
aufbrechen „in ein Land, das ich dir zeigen werde" (Gen
12,1). „Und er zog weg, ohne zu wissen, wohin er kommen würde" (Hebr 11,8). Das heißt: er mußte immer wieder fragen: Wohin jetzt? Der Ruf Gottes ist nicht eine
Größe, die man *hat* und *übersieht,* sondern die stets aufs
neue *ergeht.*

Das alttestamentliche Gottesvolk ist hier eine deutliche
Warnung. Mit dem Ruf: „Wir haben ein Gesetz, und
nach diesem Gesetz muß er sterben!" (Joh 19,7), hat Israel – das im Neuen Testament für die noch nicht glaubende oder nur anfanghaft glaubende Menschheit und
somit für uns alle steht – das „Gesetz" vorgeschützt, um
sich dem neuen Wort Gottes, das in Jesus Christus ergan-
gen ist, zu entziehen.

„Wir haben ein Gesetz", d.h., wir *haben* die Offenbarung des Willens Gottes! Darum kann es keinen Ruf *da-
neben, darüber hinaus* oder gar *dagegen* geben, „darum muß
er sterben". So hat das Gesetz faktisch das „Schema Jisrael!" – „Höre Israel!" auf den endgültigen Anruf Gottes
in Jesus Christus verhindert. Das sollte zu denken geben.
Denn was sich an Israel ereignete, „geschah als warnendes Beispiel für uns" (1 Kor 10,5). Als warnendes Beispiel
gerade auch für den *katholischen* Christen! Denn es läßt
sich wohl kaum leugnen, daß die spezifische Gefahr des
römisch-katholischen Christentums (gegenüber anderen
christlichen Gemeinschaften) die *„Gesetzlichkeit"* ist.

Der Grund dafür ist tief in die Geschichte der Kirche
eingeschrieben. Angefangen von der Prägung des west-
lich-abendländischen Christentums durch römisches

Gesetzesdenken (Tertullian u. a.) bis hin zum gegenreformatorischen Kirchenverständnis, das von Gesetz und Ordnung, Autorität und institutionalisierter Durchorganisierung geprägt ist, sind in der römischen Kirche Glaube und (religiöses) „Gesetz" bewußtseinsmäßig sehr eng miteinander verbunden. Das ist nicht einfach falsch, aber es wäre schlimm, die darin lauernde Gefahr zu übersehen, nämlich zu glauben, im „Haben" von Gesetzen den Willen Gottes und im „Befolgen" von Vorschriften und Regeln sein Heil zu finden.

Die Aussagen des hl. Paulus hierzu sind klar und deutlich: „Daß durch das Gesetz niemand vor Gott gerecht wird, ist offenkundig; denn: Der aus *Glauben* Gerechte wird leben. Das Gesetz aber hat nichts mit dem Glauben zu tun ... Christus hat uns vom Fluch des Gesetzes freigekauft ... Das Gesetz hat uns in Zucht gehalten bis zum Kommen Christi, damit wir durch den Glauben gerecht werden. Nachdem aber der Glaube gekommen ist, stehen wir nicht mehr unter dieser Zucht ... Wenn ihr also durch das Gesetz gerecht werden wollt, dann habt ihr mit Christus nichts mehr zu tun; ihr seid aus der Gnade herausgefallen" (Gal 3, 11 f.; 3, 24 f.; 5, 4).

Es wäre grundverkehrt zu meinen, Paulus verstünde hier unter Gesetz nur das jüdische „Ritualgesetz", wie dies eine lange, heute Gott sei Dank aufgegebene katholische Auslegungstradition vertrat. Die Aussageintention des Apostels geht tiefer und ist grundsätzlicher: zwar geschieht auch für Paulus im Gesetz eine Kundmachung des Willens Gottes, doch deckt der Apostel in seinen gesetzeskritischen Aussagen eine Urversuchung des „religiösen" Menschen auf, der sich durch sittlich-religiöse, am Gesetz orientierte Leistungen vor Gott behaupten, ins Recht setzen und so selbst sein Heil erwirken will. Da dies aber nicht gelingt, ist die Kehrseite solcher Selbstbe-

hauptung Resignation und Verzweiflung *oder* Selbstüberforderung und pharisäisches Asketentum. Gegen diesen
sklavischen Gesetzesdienst stellt Paulus Glauben und
Glaubensgehorsam.

Im Glauben versucht der Mensch nicht mehr, durch re-
ligiöse Gesetzesleistungen sich selbst in ein positives
Verhältnis zu Gott zu bringen, hier erwartet er alles von
Gott, der durch seinen Gnadenruf und das Geschenk des
Heiligen Geistes die gehorsame Lebensübereignung in
Freiheit und Liebe überhaupt erst ermöglicht. In diesem
Zusammenhang spricht der Apostel vom „Gesetz Christi"
(Gal 6,2), vom neuen, durch den Glauben aufgerichteten
Gesetz (Röm 3,31), vom Gesetz, das durch die Liebe er-
füllt wird (Röm 13,10). *Diesem* „Gesetz" untersteht der
Glaubende.

Aber hier geht es im Grunde um kein „Gesetz" mehr
im Sinne eines Ensembles von in Buchstaben und Paragraphen abgezirkelten Vorschriften, vielmehr ist das hier
gemeinte Gesetz der Heilige Geist selbst, der von innen
her leitet und führt (vgl. Gal 5,16), die Liebe Christi in
uns, die dazu befähigt und drängt, den Willen Gottes zu
erfüllen – wie dies Thomas von Aquin auf unübertrof-
fene Weise herausgestellt hat[13]. Dieses „Gesetz" ist nicht
mehr auf Tafeln aus Stein geschrieben, sondern in unser
Herz gelegt; nicht mehr „Buchstaben, die töten", sondern
dem „Geist, der lebendig macht", hat der Glaubende Gehorsam zu schenken (vgl. 2 Kor 3,3 ff.)[14].

In diesem „neuen" Gehorsam liegt nicht zuletzt die
Freiheit des Evangeliums begründet. Wer glaubt, untersteht nicht einem harten gesetzlichen Zwang, einem
überfordernden Anspruch, einem ihn entfremdenden
„Muß". Ihm ist vielmehr ein neues „Können" und „Dürfen" geschenkt und die Einladung ausgesprochen: „Über-
eigne dein Leben Gott, indem du auf das hörst und das

35

tust, zu dem dich der Geist treibt. Es ist das, was du innerlich in Freude vollziehen kannst, bei dem du Glück, Trost und Heil erfährst." Denn die gehorsame Lebensübergabe geschieht nicht an einen Moloch-Gott, der das Leben kleinmachen, vermiesen oder zerstören will, sondern an den Vater, der erfülltes, „größeres" Leben schenken möchte, auch wenn der Weg dahin durch die Last der Selbstentäußerung und das Kreuz der Hingabe führen mag.

Ist damit jedes formulierte Gesetz, jede faßbare Vorschrift, jede allgemeinverbindliche Ordnung abgeschafft? Ist das Christliche etwas Anarchisches und Subjektives, in dem jeder das tut, wozu er sich gerade innerlich getrieben fühlt?

Natürlich nicht! Gewiß nicht!

Diese falschen Konsequenzen wurden schon in einigen frühchristlichen Gemeinden aus der Verkündigung des hl. Paulus gezogen. Paulus korrigiert wegen dieser Mißverständnisse seine Aussagen nicht und zieht sie nicht zurück (weshalb trotz aller Mißverstehbarkeit und Mißbrauchbarkeit auch heute die Botschaft vom „gesetzesfreien Christentum" nicht verschwiegen werden darf). Aber er stellt sie richtig und weist die falschen Folgerungen zurück. So schreibt er an die Galater: „Ihr seid zur Freiheit berufen, Brüder. Nur nehmt die Freiheit nicht zum Vorwand für das Fleisch, sondern dient einander in Liebe! Denn das Gesetz ist in dem einen Wort zusammengefaßt: Du sollst deinen Nächsten lieben wie dich selbst! Wenn ihr einander beißt und verschlingt, dann gebt acht, daß ihr euch nicht gegenseitig umbringt. Darum sage ich: Laßt euch vom Geist leiten, dann werdet ihr das Begehren des Fleisches nicht erfüllen" (Gal 5, 13 ff.).

Also nicht Anarchie soll sein und subjektive Willkür,

sondern Liebe, ein „Glaube, der in der Liebe wirksam ist"
(Gal 5,6). Wo erfaßt ist, daß – erstens – Liebe die Grund-
intention aller Gottesgesetze ist und daß – zweitens – Ge-
setzesgehorsam *Folge* und *Konkretisierung* des von Gott geschenkten Heilswegs, nie aber Mittel autonomer Heilsan-
eignung ist, da hat auch das äußere Gesetz: Vorschriften,
Regeln und Weisungen – wie im übrigen Paulus selbst
sie oft genug gegeben hat –, eine vielfältige, wichtige, ja
unaufgebbare Funktion:

1. Liebe ist immer konkret. Das heißt: zur Liebe gehört, daß man die „Welt", in der man steht, ernst nimmt
und als Tätigkeitsfeld und Herausforderung zur Liebe
versteht. Welt und Kirche, Familie und Gesellschaft, Poli-
tik und Zeitverhältnisse, Wirtschaft und Rechtsordnung,
Arbeit und Freizeit – in alle diese Ordnungen, die je ihren eigenen Regelkreisen und Strukturen folgen, bin ich
hinein-„*gesetzt*". Deshalb sind mir die daraus resultieren-
den Bindungen und Verpflichtungen auch „Gesetz". Sie
sind nicht abzuschütteln, sondern sie stellen den vorgegebenen Rahmen dar, in dem je konkret Glaubensgehorsam und Liebe zu verwirklichen sind.

Insofern formulierte Gesetze, Vorschriften und Regeln
die Bedingungen, in die man hinein-„gesetzt" ist, verdeut-
lichen und einschärfen, geben sie die konkrete Gestalt an,
welche die Liebe anzunehmen hat. Auf dieser Linie lagen
und liegen auch das alttestamentliche Gottesgesetz wie
auch manche neutestamentliche Paränesen und kirchliche
Weisungen. Es sind Gebote, die den konkreten Raum des
Lebens und der Liebe eröffnen und abstecken, sowie ein-
dringlich die Grenze zum Raum des Todes und der
Selbstzerstörung artikulieren. Das Gesetz hat also eine
konkretisierende Funktion.

2. Nach Paulus soll Freiheit des Heiligen Geistes herr-
schen, nicht Scheinfreiheit des „Fleisches". Beide Frei-

heitsformen sind aber oft nicht leicht zu unterscheiden. Die Freiheit des Heiligen Geistes kann leicht verwechselt werden mit der „Freiheit", das zu tun, was man „gerade so" will und wozu spontane Neigungen, egoistische Wünsche und unterpersonale Triebe drängen. Deshalb steckt der Apostel selbst durch konkrete Weisungen das Feld ab, in dem die Freiheit des Geistes bzw. des Ungeistes steht: „Die Werke des Fleisches sind deutlich erkennbar: Unzucht, Unsittlichkeit, ausschweifendes Leben, Götzendienst, Zauberei, Feindschaften, Streit, Eifersucht, Jähzorn, Eigennutz, Spaltung, Parteiungen, Neid und Mißgunst, Trink- und Eßgelage und ähnliches mehr ... Die Frucht des Geistes aber ist Liebe, Freude, Friede, Langmut, Freundlichkeit, Güte, Treue, Sanftmut und Selbstbeherrschung" (Gal 5, 19 ff.).

Solche und ähnliche Weisungen haben die Funktion, gleichsam mit dem Finger darauf zu zeigen, auf welchen Bahnen „normalerweise", d. h. nach bisherigen menschlichen (auch durch die Vernunft einsehbaren) sowie christlichen und kirchlichen Erfahrungen, das Wirken des Geistes und der Anruf Gottes verläuft. Sie erheben dort warnend ihre Stimme, wo sich das „Drängen des Fleisches" den Mantel der Freiheit umhängen möchte. Derlei Gesetze sind Kriterien, die vor Selbsttäuschung bewahren wollen und die gegebenenfalls einer anderslautenden inneren Stimme die Warntafel „Vorsicht" entgegenhalten: „Wenn du meinst, anders handeln zu sollen, überlege dir sehr gut, ob du damit nicht einen falschen Weg einschlägst und den Raum des Lebens und der Liebe verläßt!" Das Gesetz hat eine *kriteriologische Funktion.*

3. Der Gemeinde von Korinth, die – jedenfalls zum Teil – christliche Freiheit mit hemmungsloser Ungebundenheit und ungeordneter „charismatischer" Spontaneität verwechselte, gibt Paulus selbst sehr konkrete Weisun-

gen und hält ihr als Begründung dafür entgegen: „Gott ist nicht ein Gott der Unordnung, sondern ein Gott des Friedens (der Ordnung)" (1 Kor 14,33). Damit ist eine weitere bleibende Funktion von gesetzlichen Vorschriften angedeutet: Menschliches und christliches Zusammenleben verlangt nach Ordnungen, die verhindern sollen, daß jeder nach seinem Belieben ohne Rücksicht auf den anderen lebt und dadurch alles nur chaotisch durcheinandergeht. Wie der Straßenverkehr geordnet werden muß – Links- oder Rechtsverkehr –, so gibt es auch Ordnung unter Christen, angefangen von einer Hausordnung bis hin zur Gemeinde- und Kirchenordnung. Zu solchen Ordnungen soll der Glaubende ja sagen, weil unser „Gott ein Gott der Ordnung ist". Das Gesetz hat eine *regulative Funktion.*

4. Nicht selten in der Geschichte hat der besondere Ruf Gottes an einen Menschen oder an eine Menschengruppe sich in einer neuen Form, das Evangelium zu leben, und damit in einer neuen geistlichen Lebensordnung bzw. in sogenannten „Regeln", wie wir sie von Orden und geistlichen Gemeinschaften her kennen, *verleiblicht.* Diese „Verleiblichungen" wurden und werden durch die Geschichte weitergegeben. Äußere Ordnungen, Formen und Regeln sind – so gesehen – gleichsam das „Vehikel", durch welches der Geist, der in der Vergangenheit lebendig war, je die Gegenwart erreichen will. Sie sind gleichsam „geronnener Geist", der im gehorsamen Hören wieder „lebendiger Geist" werden will. Damit haben geistliche Gesetze und Regeln auch eine *tradierende Funktion.*

Mit diesen Hinweisen sind vier äußerst wichtige Funktionen des Gesetzes und unaufgebbare Elemente des christlichen und kirchlichen Gehorsams genannt. Zusammengefaßt: Das Gesetz konkretisiert *erstens* das vielfältige

„Gesetztsein" des Menschen und steckt damit den Rahmen für das Hören auf Gottes Ruf und die entsprechende Antwort ab; es gibt *zweitens* Unterscheidungsregeln für das Drängen des Geistes Gottes oder „des Fleisches"; es schafft *drittens* Ordnung im weltlichen und kirchlichen Zusammenleben der Menschen und tradiert schließlich *viertens* jene Formen, in denen sich Gottes Ruf in der Vergangenheit verleiblicht hat[15].

All diese Funktionen sind und bleiben aber im Hinblick auf das eigentliche Ziel des Gehorsams dienende Hilfsfunktionen. Marc Oraison veranschaulicht das in folgendem Bild: Wenn ich mit dem Auto nach Marseille fahren möchte, mache ich Gebrauch von den Straßenschildern, die an allen Wegkreuzungen aufgestellt sind. „Wenn ich nach rechts einbiege, so tue ich das nicht aus Achtung vor den Wegweisern, sondern weil ich nach Marseille fahren will. Also bediene ich mich der Straßenschilder." So verstanden, sind auch Gesetze unentbehrlich. „Aber das Gesetz ist nicht der Beziehungspunkt meiner Verhaltensdynamik."[16]

Gesetzeserfüllung ist weder das einzige Mittel noch das letzte Ziel, um dem Ruf Gottes zu entsprechen. Denn dieser Ruf kann über das Gesetz hinaus, neben dem Gesetz her und gegebenenfalls auch gegen das Gesetz (in seinem Buchstabensinn) ergehen. Und eine bloße Erfüllung von Gesetzesvorschriften, die nicht im größeren Rahmen einer personalen Beziehung des Hörens auf Gott, des Empfangens seiner Liebe und der antwortenden gläubigen Lebenshingabe steht, ist kein Heilsweg. Im Gegenteil, von einer rein materiellen Gesetzeserfüllung, die nur sich selbst und sein „In-Ordnung-Sein" sucht, gilt: „Dann habt ihr mit Christus nichts mehr zu tun; ihr seid aus der Gnade herausgefallen" (Gal 5,4).

Im Grunde hat man um diese zwar notwendige und

doch nur instrumentelle Funktion von Gesetz und Ordnung in der Kirche immer gewußt. Nur in wenigen und klar umrissenen Fällen verstehen sich Wort und Weisung kirchlicher Autorität so, daß in ihnen letzverbindlich, unbedingt und ohne Zweifel Gott selbst spricht. Das gilt dort, wo eindeutige Weisungen der Heiligen Schrift, eine klare Praxis christlichen Glaubens über Jahrhunderte hinweg oder sicher definierte Dogmen vorgelegt werden.

Diese „Fälle" artikulieren aber fast immer nur den äußersten Rahmen christlichen Glaubens und christlicher Praxis; sie stecken die Grenzen ab, innerhalb welcher das Leben zu finden ist und sich der persönliche Gehorsam zu bewegen hat. Für unsere so leicht in die Irre zu führende Subjektivität ist dieses äußerste Abstecken unabdingbar notwendig, um im Raum des Lebens zu bleiben. Darüber hinaus darf und soll ich davon ausgehen, daß mir auch sonst in den kirchlichen Weisungen und Ordnungen Gottes Wille und Leben verheißende Weisung begegnet. Aber *letzte* Gewähr gibt es dafür nicht. Darum bin ich nicht dispensiert von der persönlichen Suche und Frage: Gott, was willst du *von mir?*

In diesem Zusammenhang haben die deutschen Bischöfe, als es im Jahre 1968 um die Verbindlichkeit der Enzyklika „Humanae vitae" ging, geschrieben, daß zwar das kirchliche Lehramt nicht-unfehlbare Lehrweisungen „selbst auf die Gefahr des Irrtums im einzelnen hin" aussprechen kann. Denn „anders kann die Kirche ihren Glauben als bestimmende Wirklichkeit des Lebens gar nicht verkündigen, auslegen und auf die je neue Situation des Menschen anwenden". Aber in solchen kirchlichen Weisungen – es sind die weitaus meisten! – ist die *Möglichkeit* des Irrtums gegeben, wenn aber Möglichkeit des Irrtums, dann auch die *Möglichkeit,* daß ich meinen Weg vor Gott darin verfehle.

Gewiß, „wer glaubt, in seiner privaten Theorie und Praxis von einer nicht unfehlbaren Lehre des kirchlichen Amtes abweichen zu dürfen – *ein solcher Fall ist grundsätzlich denkbar* –, muß sich nüchtern und selbstkritisch in seinem Gewissen fragen, ob er dies vor Gott verantworten kann"[17]. Denn immerhin schuldet der katholische Christ „dem authentischen Lehramt des Bischofs von Rom, auch wenn er nicht kraft höchster Lehrautorität spricht", „religiösen Gehorsam des Willens und des Verstandes" (LG 25). Aber umgekehrt muß mit nicht geringerem Gewicht gesagt werden, daß keiner angesichts solcher kirchlicher Weisungen von seiner persönlichen Verantwortung vor Gott einfach dispensiert ist.

Diese Überzeugung steht in einer großen kirchlichen Tradition, die in vielen Zusammenhängen greifbar wird. So ist es in der Moraltheologie immer klar gewesen, daß das Gewissen, also jenes „Organ", mit dem der Mensch ganz persönlich vor Gott steht und seinen Anruf zu vernehmen sucht, letzte Norm menschlichen Handelns ist.[18] Deshalb relativiert sich auch das Kirchenrecht selbst, wenn es in bestimmten Bereichen ausdrücklich einen Unterschied macht zwischen dem sogenannten „Forum internum" (d. i. dem inneren Bereich des persönlichen Gewissens) und dem „Forum externum" (Bereich der äußeren Ordnung) – eine Differenzierung, die es in keinem Rechtsbuch der Welt sonst gibt. Darin ist zum Ausdruck gebracht, daß es eine innerste Beziehung des einzelnen zu Gott gibt, die sich äußerer gesetzlicher Regelung entzieht.

Moral und Kirchenrecht sehen viele Gründe vor für eine „excusatio a lege" oder „dispensatio a lege", also Gründe, welche die strenge Verbindlichkeit von Gesetzen einschränken; die Regeln zur „strikten" Gesetzesinterpretation wollen einen möglichst großen persönlichen Frei-

raum sichern; ein wichtiges Kapitel geht über die sogenannte Epikie, d.h. über jene Tugend, welche Gesetzesvorschriften zugunsten einer „größeren Gerechtigkeit",
zu der man sich von Gott her aufgerufen weiß, umgehen
oder ihnen zuwiderhandeln läßt[19] – all diese Faktoren
weisen in ein und dieselbe Richtung: Bei aller Wichtigkeit und Bedeutung des „Gesetzes" geht es beim Gehorsam letztlich darum, dem ganz persönlichen Ruf und inneren Drängen des Geistes zu folgen und sich in verantwortlicher Freiheit Gott zu übergeben.

II

Gehorsam im Rätestand
und im priesterlichen Dienst

Die Aufforderung zum Gehorsam ergeht an alle Christen (siehe S.12). Besondere Formen des Gehorsams in der Kirche können darum nur „Variationen" des einen Grundthemas sein, freilich Variationen, die – wie in der Musik – auch erst herausbringen, was das schlichte Thema an Aussage und Glanz, an Problematik und Spannbreite in sich birgt.

1. Elemente des Ordensgehorsams

Als „Variation" ist der Gehorsam im Rätestand bzw. der Ordensgehorsam durch ein Zweifaches charakterisiert: 1. Er versteht sich als ein radikales, jeden Kompromiß ausschlagendes *Ernstnehmen* der allgemeinen christlichen Gehorsamshaltung, 2. er ist darüber hinaus ein besonderes öffentliches *Zeichen* in Kirche und Welt.

Beide Merkmale werden im öffentlichen Gelübde des Gehorsams greifbar. Hier verpflichtet sich ein Christ vordergründig gesehen auf eine bestimmte geistliche Lebensregel und eine bestimmte kirchliche Gemeinschaft. Regel und Gemeinschaft weisen jedoch auf etwas Tieferes hin: Sie sind sowohl eine entschiedenere und verbindlichere Form wie auch eine deutlicher ins öffentliche Zeichen tretende Gestalt, das Evangelium zu leben und Christus nachzufolgen.

Wer das Gelübde des Gehorsams ablegt, sagt damit:

„Ich bin nach eingehender Prüfung zur Einsicht gekommen, daß Gott mich ruft, in der Form dieser oder jener Regel und im Raum dieser oder jener Gemeinschaft das Evangelium zu verwirklichen und mit andern zusammen in gegenseitiger Liebe, Verantwortung und Ermutigung Jüngergemeinde und damit Zeichen für das in Christus schon angebrochene Heil zu sein. Darauf verpflichte ich mein Leben!"

Im Gelübde solchen Gehorsams stellt man verbindlich und öffentlich Freiheit und Leben zur Verfügung, nicht um in einer Art infantiler Regression die Eigenverantwortung auf andere abzuschieben und erneut kindliche Geborgenheit in einer klösterlichen Gemeinschaft zu finden, auch nicht um durch Regel und Gemeinschaftsleben als aszetische Mittel leichter sein Heil zu erreichen, auch nicht (nur), um für kirchliche und karitative Aufgaben besser einsetzbar und verfügbar zu sein, sondern um auf einen Ruf Gottes hin in der Form *dieser* Regel und *dieser* Gemeinschaft Christus in seiner gehorsamen Selbstentäußerung zum Heil der Welt nachzufolgen.

Es geht also um das Evangelium, um Nachfolge Christi, um Übereignung des Lebens an Gott. Demgegenüber sind Regel und Gemeinschaft nur konkrete *Mittel.* Die Regel sowie deren aktuelle Interpretation und Konkretion durch Obere und Vorgesetzte haben also nur ein Ziel: das Evangelium zur Sprache und zur Verwirklichung zu bringen. Ordnungen und Vorschriften sind nicht dazu da, die Freiheit des Geistes zu ersticken, sondern die freie Hingabe zu ermöglichen. Die Einsicht in ihre – nur! – funktionale Bedeutung entspricht ursprünglichster Tradition der Orden (nur wurde sie – leider Gottes! – nicht selten vergessen).

So verlangt z. B. die epochemachende Regel des hl. Augustinus von denen, die sie übernehmen, sie „nicht wie

Sklaven unter der Herrschaft des Gesetzes, sondern wie freie Menschen unter der Herrschaft der Gnade" zu befolgen (Nr. 8). Humbert von Romanis berichtet, wie der hl. Dominikus den Verpflichtungsgrad der verschiedenen Regeln einschätzte: Wüßte er, daß sie unter Sünde verpflichteten, dann würde er die Klöster durcheilen und sie alle mit seinem Messer zerfetzen[20]. Ähnlich gibt die erste Regel des hl. Franz von Assisi zu erkennen, daß ihr Sinn nicht darin besteht, den Menschen einzuschränken, sondern frei zu machen: „Nichts also hemme, nichts trenne uns, nichts dränge sich ein …"[21]

Bedenkt man dies, ist es um so erschreckender, daß es auch heute noch Orden und Kommunitäten gibt, wo Menschen durch kleinliche Reglementierungen und autoritäre Obere – oft unter der Devise des „heiligen Gehorsams" – buchstäblich zerstört werden. Das Gemeinschaftsleben wird durch ein festgefahrenes Autoritätsverständnis und eine einseitig-falsche Gehorsamsauffassung verdüstert und in ein Netz von minutiösen bis sinnlosen Vorschriften und ebenso sinnlos frustrierenden Verboten eingefangen.

Im Rätegehorsam geht es aber nicht darum, „eine Summe von kleinlichen Vorschriften zu befolgen, um eine unantastbare Frömmigkeit auf Hochglanz zu bringen. Solchen Luxus können wir uns nicht mehr leisten. Auch für die Ordensleute wird der Einsatz ernster: in einer Welt, in die der Glaube nicht mehr hineinpaßt, muß die Art und Weise ihres Glaubensvollzugs den Glaubensinhalt für den Glaubenden selbst annehmbar und überzeugend machen … Regeln, Gebräuche, die je eigene Spiritualität: all das sind Mittel zum Zweck. Sie wollen nichts anderes, als zum Gehorsam gegen das Evangelium führen, durch den Gott zu verstehen gibt, was seine Frohe Botschaft bedeutet."[22]

Von daher bestimmt sich auch die „Befehlskompetenz" der Oberen[23]. Diese ist von der funktionalen Richtigkeit des Befehlsinhalts sachlich begrenzt. Funktional richtig ist ein Befehl, wenn er dem Ziel des Ordens, das sich in der Regel artikuliert und – vor allem! – dem Evangelium, das sich darin konkretisiert, entspricht. Somit haben die Vorgesetzten die geistliche, sittliche und rechtliche Verpflichtung, nur das anzuordnen, was dem Ordensziel und vor allem dem Evangelium dient oder besser dient.

Somit unterstehen Obere und Untergebene einer gemeinsamen „Sache": dem Evangelium. *Beide* haben zu gehorchen. Allerdings müssen die Vorgesetzten nun einmal in manchen Entscheidungssituationen und offenen Fragen, nachdem gemeinsam darüber nachgedacht und „nachgebetet" wurde, die Sache zum Abschluß bringen. Einer muß das letzte Wort haben – in einer Ordenskommunität haben es die Vorgesetzten.

Da nun der „Untergebene" – es muß nicht so sein, aber es ist nicht selten so – eher sich selbst und seine persönlichen Wünsche und Ziele im Auge hat, der Obere aber mehr dem Ganzen verpflichtet ist, wird es mit einiger Sicherheit gelegentlich, vielleicht oft zu Konflikten kommen. Anders gesagt: Das einzelne Ordensmitglied wird nicht selten Entsagung üben und auf seine Lieblingsvorstellungen und Wünsche verzichten müssen – um des Ganzen der Gemeinschaft willen. Deshalb wird es im Ordensgehorsam zwangsläufig „das Kreuz" geben.

Freilich dürfen Vorgesetzte Konfliktsituationen nicht absichtlich herbeiführen. K. Rahner weist auf die Perversion hin, wenn das Kreuz zur „Systematisierung" grober Fehlentscheidungen herhalten muß, wenn nämlich der Eindruck erweckt wird, als gäbe es *zwei* Wege zum Guten: den guten Befehl des Vorgesetzten oder das Kreuz eines schlechten Befehls. Ist der Befehl gut, ist sowieso alles in Ordnung; ist der Befehl aber schlecht, führt er den Untergebenen auf den Weg des Kreuzes, und das ist auch wieder „gut". Wer als Oberer so denkt oder handelt, macht aus dem Kreuz ein „Prinzip", das nur den eigenen Interessen dient. Nein, der Vorgesetzte hat die Pflicht, im Sinne der Regel und des Evangeliums gut zu befehlen. Und dennoch werden Konflikte niemals ganz fehlen.

Wer sich zum Gehorsam in einem Orden verpflichtet, setzt sich von vornherein einer möglichen Kreuzessituation aus. Er erklärt seine Bereitschaft dazu, die durch einen Befehl eventuell gegebene Frustration und Schädigung seines natürlichen Glücksstrebens hinzunehmen, und zwar in jener Haltung, in der Jesus sie hingenommen hat: in der Haltung des Gehorsams „bis zum Tod am Kreuz".

Auf der anderen Seite muß Vorsorge dafür getroffen werden, daß Kreuzessituationen nicht ohne Grund oder gar künstlich erzeugt werden. Das Gespräch zwischen Oberen und Untergebenen vor wichtigen Entscheidungen und die Bereitschaft zum Kompromiß sind hier wichtige Hilfsmittel. Jedenfalls ist mit Karl Rahner in aller Deutlichkeit hervorzuheben: „Der Untergebene ‚opfert' nicht seine Freiheit [in den Orden hinein]. Die falsche Mythologisierung des Ordensgehorsams sollte aus der aszetischen Literatur verschwinden. Er ‚opfert' so wenig seine Freiheit wie jeder andere, der (in einem Eheabschluß, in einer Berufsverpflichtung usw.) zur echten Realisation seiner Freiheit sich *den* Bindungen aussetzt, die die frei gewählte Sache von sich aus mit sich bringt."[24]

Diese Überzeugung hat keine „Verdünnung" des Gehorsams zur Folge, sondern bedeutet Anerkennung dessen, daß der Mensch, der Gott sein Leben in Freiheit übergibt – im Rätegehorsam in einer entschiedeneren und nach außen hin deutlicheren Form –, immer *Person* bleibt, ein freies, von Gott bei seinem Namen gerufenes Geschöpf, das in Mündigkeit und Verantwortung seinen Weg zu gehen hat.

2. Zum Gehorsam des Priesters

Bei der Weihe verspricht der Kandidat verbindlich und öffentlich dem Bischof und seinen Nachfolgern Ehrfurcht (Respekt) und Gehorsam. Dieser Gehorsam ist seinem Wesen nach – ähnlich dem Ordensgehorsam – funktional, d.h., er ist dazu da, Leben und Dienst des einzelnen Priesters auf das eine und gemeinsame Ziel der Seelsorge einer Diözese, für die der Bischof die Letztverantwortung trägt, hinzuordnen.

Dies ist auch in der Form des Gehorsamsversprechens bei der Weihe angedeutet: Der Kandidat legt seine gefalteten Hände in die Hände des Bischofs. Dieser Ritus stammt aus germanischen Vorstellungen und bringt zum Ausdruck, daß ein Gefolgsmann seinem Herrn Treue, nicht jedoch sklavische Unterwerfung verspricht. „Die mittelalterliche Gefolgschaft besagt Freiheit, nicht Zwang, Treue und Einsatz, nicht eingedrillten Gehorsam; der Gefolgsmann ist seines Herrn ... Mitarbeiter, nicht Lohnarbeiter, sein Vertrauter und Freund, nicht untertäniger Knecht."[25]

Daß dieses Gefolgschaftsverhältnis zwischen Bischof und Priester „zu einseitiger Abhängigkeit und Untertänigkeit (Herr – Knecht) pervertierte, ist Folge des neuzeitlichen Absolutismus, der seine Spuren auch in der Kirche hinterlassen hat"[26]. Der Sache nach ist jedenfalls etwas anderes gemeint: Der Priester erkennt in seinem Gehorsam gegenüber dem Bischof an, daß dieser der „eigentliche Seelsorger" der Ortskirche, er selbst dagegen nur sein Mithelfer ist. Deswegen hat der Bischof in Fragen der Seelsorgsziele und Schwerpunktsetzungen sowie der konkreten Mittel und Formen der Gemeindebildung und -führung das letzte Wort.

Allerdings sollten vor dem „letzten" Wort viele andere Worte, d. h. Gespräche, Gedankenaustausch, gegebenenfalls Diskussion, Streit und Kompromißschluß stehen. All das soll verhindern, daß zwischen den Wünschen, Vorstellungen wie auch dem Seelsorgs-„Stil" des Priesters auf der einen Seite und den Zielen und Anordnungen des Bischofs auf der anderen Seite unnötige Spannungen und Konflikte entstehen.

Doch auch im Hinblick auf den Gehorsam des Priesters gilt das vom Rätegehorsam Gesagte: Wer sich zum Gehorsam verpflichtet, setzt sich von vornherein einer möglichen „Kreuzessituation" aus und erklärt seine Bereitschaft, die durch eine Anordnung eventuell gegebene Frustration und Einschränkung des natürlichen Glücksstrebens hinzunehmen. Das kann z. B. der Fall sein, wenn der Bischof theologische und pastorale Vorstellungen entwickelt, die mit den eigenen nicht übereinstimmen, oder wenn er einem eine Stelle oder einen Aufgabenbereich zuweist, den man eigentlich nicht übernehmen möchte.

Sollten auch nach ehrlichen Auseinandersetzungen (die zur Praxis des Gehorsams gehören!) solche Konflikte nicht gelöst werden können, hat der Bischof das Recht und die Pflicht zu einer vielleicht für den einzelnen schmerzhaften Entscheidung, weil er die letzte Verantwortung für die Seelsorge trägt. Indem der Priester bei der Weihe in Freiheit sein Leben dem pastoralen Dienst in der Kirche übergibt, sagt er zu solchen Kreuzessituationen sein grundsätzliches „Ja".

Solche Bindung der eigenen Freiheit und die Lebenshingabe an den pastoralen Dienst kann und darf nur derjenige vollziehen, der davon überzeugt ist, daß Gott selbst ihn dazu ruft und daß deswegen der Gehorsam gegen den Bischof mit zur Antwort auf das zuvor vernommene Wort Gottes gehört. Darum ist es letztlich nicht der Bischof, dem man Gehorsam verspricht und leistet, sondern Gott, der zu dieser Form des Lebensgehorsams gerufen hat, und die Kirche, welche den Dienst und die Verfügbarkeit des Priesters braucht. So gesehen besagt Weihe auch verbindliches Lebensopfer für die amtliche Sendung der Kirche. Opfer aber ist wirklich *Opfer*, Hergabe seiner selbst, Verzicht auf ein Stück „Selbst"-verwirklichung. Wenn man darum gelegentlich Priester, die in schwierigen Situationen stehen, sagen hört: „Ich laß mich doch nicht verheizen – vom Bischof, vom Ordinariat, vom Pfarrer, von der Gemeinde!", so ist zu fragen, ob nicht genau dies die Konsequenz des bei der Weihe versprochenen Lebensopfers ist.

Gewiß gilt gerade auch hier, daß Kreuzessituationen nicht künstlich oder durch Gedankenlosigkeit und Borniertheit der Vorgesetzten oder auch der Gemeinde herbeigeführt werden dürfen. Und doch hat schon Paulus seinen apostolischen Dienst mit dem Brandopfer verglichen, das im Tempel dargebracht wird: „Wenn auch mein Leben dargebracht wird zusammen mit dem Opfer und Gottesdienst eures Glaubens, freue ich mich dennoch, und ich freue mich mit euch allen" (Phil 2, 17). Paulus versteht also sein Leben als Ganzopfer für die Kirche. Auf dieser Linie verspricht auch der Priester bei der Weihe, ein lebendiges Opfer Christi zu sein, in dessen Gehorsam bis zum Tod er sich hineinnehmen läßt.

Gehorsam dem Bischof gegenüber ist aber nur ein Aspekt des priesterlichen Gehorsams. In noch fundamentalerer Weise ist der Gehorsam deshalb mit dem kirchlichen Amt verbunden, weil dieses zur Verkündigung des Wortes Gottes bestellt ist. Der Amtsträger hat also etwas weiterzugeben, das er nicht aus sich heraus besitzt, sondern selbst hörend zum Weitergeben empfangen hat (vgl. 1 Kor 15,3). Darum ergeht schon bei Lk 8,18 an die Apostel die Mahnung: „Gebt acht, daß ihr richtig zuhört!"

Wer als Amtsträger nicht zuvor hört, bevor er weitergibt, ist im Grunde ein Falschmünzer, der nicht authentische Währung und wirkliche Werte weitervermittelt, sondern mit selbstgefertigtem Talmi täuscht. Darum gründet priesterlicher Dienst entweder im gehorsamen Hören auf das Wort Gottes, oder er entartet zum „Popentum", das nur Funktionen durchführt. Wie kann man eine Gemeinde zurüsten für das Reich Gottes und ihr das Wort verkünden, wenn man es nicht zuvor selbst gehört hat? Wie kann man einem ratsuchenden Menschen mit Autorität sagen: Tu dies oder jenes!, wenn man nicht zuvor im Gebet die Ohren geöffnet und gefragt hat, was Gott für diesen Menschen will?

Es gibt dazu eine bezeichnende Geschichte aus der Zeit der Wüstenväter: Einmal fand eine der zahlreichen lokalen Kirchenversammlungen statt. Bei den Verhandlungen meldeten sich auch Männer zu Wort, die man nicht kannte. Man fragte sie: „Woher seid ihr?" Sie antworteten: „Wir kommen aus der Wüste." Darauf sagte der Vorsteher der Versammlung: „Alsdann, wenn ihr aus der Wüste kommt, dürft ihr sprechen." – Eine sehr hintergründige Geschichte. Eigentlich darf nur der in der Kirche seine Stimme erheben, der „aus der Wüste kommt", das heißt aus dem schweigenden Hinhören auf Gott. Dabei wird sich dieses Hören nicht nur im Gebet und in der Schriftbetrachtung abspielen, sondern auch im Lauschen auf die Situation, auf die „Zeichen der Zeit", auf den Anruf der Stunde.

Und schließlich: Gerade weil der Priester eine Art vermittelnde Funktion hat: Weitergabe des Wortes Gottes und seine Hirtensorge sowie sakramentales Präsent-Setzen des Heilswirkens Christi[27], darf sich sein Hören nicht nur auf Gott und den Bischof beschränken, sondern es muß sich auch auf die konkrete Lage der Gemeinde richten, wo Gottes Heilsgaben Gegenwart werden, also im wahrsten Sinne des Wortes „ankommen" sollen. Dies können sie aber nur, wenn ihnen, entsprechend der unterschiedlichen Situation, Möglichkeit und Fähigkeit der Adressaten, der Boden bereitet wird. Darum gehören Sensibilität, Hörsamkeit und Verfügbarkeit für die jeweilige Lage der Gemeinde und ihrer Glieder sowie die Bereitschaft, „allen alles zu werden" (1 Kor 9,22), zu den charakteristischen Merkmalen priesterlichen Gehorsams.

Bei all dem ist freilich weder der Gehorsam des Priesters noch der des Rätestandes etwas grundsätzlich anderes als der von jedem Christen erwartete Gehorsam. Nur die Art und Weise konkretisiert und intensiviert sich verschieden, entsprechend der unterschiedlichen Berufung und Aufgabenstellung des einzelnen oder einzelner Gruppen.

III

Spricht Gott wirklich?

1. Zu einer Theologie des Sprechens Gottes

In den bisherigen Darlegungen wurde stillschweigend
und geradezu selbstverständlich die Voraussetzung gemacht, daß Gott sich tatsächlich vernehmbar macht, daß
er den Menschen anspricht und dieser ihn wirklich hören
kann. Aber diese Voraussetzung ist alles andere als
selbstverständlich. Machen nicht viele, vielleicht sogar
die meisten Menschen die Erfahrung, daß Gott schweigt,
daß er sich auch für den Gläubigen in ein geheimnisvol-
les Dunkel zurückgezogen zu haben scheint? Wie kann
man da vom Ruf Gottes sprechen? Wie kann man sich
das vorstellen? Läuft man nicht Gefahr, Illusionen zu er-
liegen?

Mag sein, daß der eine oder andere meint, in Stille und
Gebet „Stimmen" und darin „so etwas wie Gott" zu vernehmen. Aber sind dies nicht doch in Wirklichkeit nur
die Stimmen des eigenen Geistes, die eigenen Ideen, Ge-
dankenblitze, Fantasien, Bilder? Oder wenn jemand
glaubt, in bestimmten Situationen seines Lebens, etwa in
außergewöhnlichen Ereignissen und Begegnungen, „so
etwas wie Gott" zu erfahren – ist es da Gott, der sich in
Erfahrung bringt, oder nicht vielmehr der Mensch selbst,
der solche Situationen und Zeichen auf Gott hin „deutet"?
Wie also kann überhaupt von Gott und seinem Ruf sinnvoll die Rede sein?

Diese Fragen sind nicht nur sehr berechtigt, sie geben

zugleich auch einen Verstehenszugang zur Art und Weise, wie Gott spricht. Gehen wir ruhig davon aus, daß man im Gebet und im Nachsinnen über Probleme und Ereignisse des Lebens zunächst einmal sich selbst hört: es sind die eigenen Gedanken, Einfälle, Ziele, die einem aufgehen; es ist das Ich, das sich selbst vernimmt. Aber – und das ist entscheidend –, wenn dieses Ich in der Bereitschaft zum Hören und zur Lebenshingabe ehrlich und wahrhaftig nach dem Willen Gottes fragt, wenn man aus ungeteiltem Herzen das Wort Samuels nachspricht: „Rede, Herr, dein Diener hört!" (1 Sam 3, 10), dann ist dieses „Ich" mehr als nur „es selbst", dann ist in ihm Gottes Heiliger Geist am Werk. Denn niemand besitzt die Bereitschaft zum gläubigen Hören und die Willigkeit, sich Gott anheimzustellen, von sich aus. Es sind die Wirkmacht des Wortes Gottes und die Gnade des Heiligen Geistes in uns, welche sich bei uns Raum verschaffen.

Das aber hat zur Folge: Jenes „Ich", das sich im Wunsch zu hören auf Gott hinwendet, ist immer schon „mehr" als nur ein menschliches Selbst, es ist ein wirkmächtig von Gott ergriffenes und erfülltes Ich, in dessen geistigen Vollzügen darum auch Gott selbst mit am Werk ist. Somit mag – vordergründig betrachtet – auch das Selbst es sein, das da im Nachdenken und schweigenden Innehalten bestimmte „Stimmen", Gedanken, Ideen und Zielvorstellungen in sich hervorbringt; in Wirklichkeit und tiefer gesehen ist es Gott, der in und durch das eigene Ich spricht.

Das gleiche läßt sich auch von einer anderen Seite her erläutern. Es gibt ein theologisches Prinzip, welches lautet: Wenn Gott in der Welt handelt, so handelt er nicht direkt und unmittelbar. Wir sehen Gott nicht, wir hören ihn nicht, wir fühlen ihn nicht direkt und unmittelbar. Solange wir in der Zeit leben, schauen wir wie „in einen

Spiegel und sehen nur rätselhafte Umrisse" (1 Kor 13, 12). Unmittelbare Gotteserfahrung ist uns verwehrt. Wenn Gott in unserem Leben und in der Welt handelt, so wirkt er durch sogenannte „Zweitursachen". Das heißt: er nimmt etwas Geschaffenes in seinen Dienst, indem er es befähigt, Instrument seines Wollens und Wirkens zu sein. Das gilt auch vom Sprechen Gottes.

Gott spricht nicht direkt zu uns; sein Wort ist durch Geschöpfe vermittelt. Er spricht zu uns durch seine Schöpfung (vgl. Ps 19, 1 ff.; Weish 13, 1 ff.; Röm 1, 19 ff.) und durch besonders berufene Menschen: durch die großen Führergestalten und Propheten des Alten Testaments. „Zuletzt und endgültig aber hat er zu uns gesprochen durch den Sohn" (Hebr 1, 2). Dieses Sprechen, in dem Gott sich ganz ausgesagt hat, ist in seiner ursprünglichen und normativen Bezeugung in der Heiligen Schrift aufbewahrt, die infolgedessen in zugespitztem Sinn „Wort Gottes" ist. Weiter spricht Gott zu uns durch die kirchliche Gemeinschaft, in welcher der Heilige Geist das Wort der Schrift je neu Leben werden läßt. Aber Gott spricht auch durch die Ereignisse, die sich in der Welt und in der Geschichte im Großen und im Kleinen zutragen, in den Situationen, Ordnungen und personalen Begegnungen, die das eigene Leben ausmachen. Und – nicht zuletzt – durch unser Ich, durch Einsicht und Neigung, durch Vorstellungskraft und Phantasie.

Von all dem gehen „Signale" aus, die freilich „verstanden", d.h. als Gottes Ruf für mich ganz persönlich erkannt werden müssen. Und diese Deutung geschieht durch die Stimme des eigenen Herzens und den Spruch des Gewissens. So „ergibt sich" gleichsam Gottes Ruf aus einer Konvergenz zwischen Anruf und Ereignis „von außen" und Deutung „von innen". Immer aber ist sein Wort durch eine geschöpfliche Wirklichkeit vermittelt.

Darum braucht mich auch der Zweifel nicht – oder wenigstens nicht grundsätzlich – zu beunruhigen, der mich vor die Alternative stellt: War dies oder jenes, was ich zu hören glaubte, eine Stimme Gottes *oder* nur der inwendige Spruch des eigenen Herzens, vernünftige Einsicht, Äußerung des in der Erziehung eingeprägten Über-Ichs, rein subjektiv-emotionale Deutung eines Sachverhalts? Diese Alternative gilt dort, wo ich in Glaube und Hingabebereitschaft, d.h. im Heiligen Geist, vor Gott hintrete, nicht. Gott spricht gerade durch mein Ich und durch die Welt, die das Ich als seine Welt erfährt. *Ich selbst in der Gesamtheit meiner Bestimmungen* – und dazu gehören ganz wesentlich auch die äußeren Ereignisse und Situationen, auf die ich verstehend und deutend zu reagieren habe – *bin ein Ruf Gottes.*

2. Hinweise für die Praxis des Hörens

Aus diesen Überlegungen ergibt sich eine Reihe von wichtigen Folgerungen für die Praxis des Gehorsams.

a) Um Gottes Ruf an mich zu vernehmen, habe ich zur Heiligen Schrift zu greifen, die ja in einmaliger Weise Wort Gottes ist. Freilich, was Gott mir persönlich mit diesem oder jenem Text sagen will, das muß ich beim Lesen oder Meditieren im Hören auf die Stimme meines Innern, in dem Gottes Geist mich lockt und drängt, erst herausbringen. Daß mich ein Satz der Schrift, ein Bild oder eine Gestalt besonders anspricht, mir „zu denken" gibt und mich zum Handeln motiviert: gerade darin darf ich den besonderen Ruf Gottes an mich entgegennehmen. Etwas Ähnliches gilt von der Begegnung mit „Vermittlungsinstanzen", durch die mir das Wort der Schrift nahegebracht wird: Predigt, geistliche Gespräche, Beschäftigung mit dem Leben der Heiligen, Begegnung mit heiligmäßigen Menschen usw. Von all dem geht eine Botschaft aus, die freilich in der hörenden Bereitschaft: Gott, was willst du *mir* damit sagen?, erst noch zu „entziffern" ist.

Darüber hinaus aber ist es wichtig, mit allem Ernst aufmerksam Tag für Tag zu fragen: Wo, in welchen Ereignissen und Begegnungen, in welchen Verhältnissen und Konstellationen meiner kleinen und großen Lebenswelt liegt ein Anruf Gottes verborgen? Und weil wir im hektischen Getriebe und programmierten Ablauf des Alltags so oft dessen Anrufcharakter übersehen, brauchen wir irgendwann einmal ein paar Minuten Distanz, um zurück- und vorzublicken, um die vielen oft so zufällig und selbstverständlich erscheinenden, so anonym und belanglos ablaufenden Ereignisse des Tages daraufhin abzufragen: Wo sprach und wo spricht darin Gott?

In ihrem bloßen Ablauf erscheinen die vielen kleinen und wenigen großen Ereignisse nicht selten als ein „Es", d. h. als etwas, das sich ergibt, sich einstellt, was unterläuft und „passiert". Im kurzen Innehalten soll in der „Hörsamkeit" des Glaubens – um einen Satz von Sigmund Freud zu variieren – aus dem „Es" ein „Du" werden. Das heißt: ich soll zu erkennen suchen, ob und wo hinter den auf den ersten Blick beiläufigen Vorkommnissen – dem „Es" – das „Du" Gottes steht, der mich persönlich anspricht und eine persönliche Antwort von mir erwartet.

Es geht darum, sich die Blick- und Hörweise Jesu zu eigen zu machen. Er sah in der Schönheit der Lilien auf dem Feld und in der Nahrung, welche die Vögel des Himmels finden, ein Zeichen für die Sorge und Liebe Gottes zu seinen Geschöpfen; und Begebenheiten seiner Zeit, wie z. B. den Zusammenbruch eines Turmes oder eine politische Mordtat (Lk 13), vernahm er als einen Anruf Gottes, der damit den Menschen zur Umkehr bewegen will. So waren Welt und Geschichte für Jesus durch und durch transparent für Gottes Stimme und Ruf.

Es ist der Gehorsam des Glaubens, der diesen Wechsel vom „Es" zum „Du" vornimmt. „Was ‚Es' war, soll ‚Du' werden": Was sich zunächst so anonym, so zufällig, ja gelegentlich so banal zuträgt, sei es, daß wir selbst es erleben, sei es, daß Zeitungen und Fernsehen davon berichten, das sollen die „Ohren des Glaubens" auf seine eigentliche Tiefe hin ablauschen. Nur daß wir, ausgegossen in die Hektik des Alltags mit seinen funktionalisierten menschlichen Beziehungen, mit seinem Leistungs- und Erfolgsstreben, mit seiner Jagd nach kurzfristiger Befriedigung unserer Bedürfnisse und Sehnsüchte, den Transparenz- und Signalcharakter der alltäglichen Begebenheiten so oft übersehen. Die Verwandlung des „Es" zum „Du" setzt Innehalten und Distanz vom Handeln voraus[28].

Ein solches Innehalten zur aufmerksamen Befragung des konkreten Lebens mag man „Gewissenserforschung" nennen, nur verbindet man mit diesem Wort eher die Frage nach Sünde und Versagen. Und dies ist hier nicht in erster Linie gemeint. Vielmehr geht es um ein Erfragen dessen, was Gott mir hier und heute zu sagen hat. Diese Art des betenden Nachdenkens vor Gott wird heute gelegentlich das „Gebet der Verantwortung" oder das „Gebet der liebenden Aufmerksamkeit" genannt[29]. Beides ist eine gute Bezeichnung, denn gemeint ist ein Gebet, in dem man aufmerkt, um auf Gottes Wort Antwort zu geben.

Die Praxis eines solchen Gebets, d. h. eines ruhigen kurzen Nachdenkens vor Gott, vor allem zu Beginn der zweiten Tageshälfte, ist unumgänglich wichtig, um „ganz Ohr" für den Anruf der Stunde zu sein. Wer diese Art zu

beten beginnt, wird anfangs eher erfahren, wie oberfläch-
lich man den Alltag durchlebt, wie man Zeichen übersieht und Anregungen überhört. Mit der Zeit aber wird
man sensibler für die Stimme Gottes hinter den Ereignissen. Man erkennt sozusagen mehr und mehr die Hand-
schrift Gottes in den zunächst rätselhaft erscheinenden
Hieroglyphen des Tagesablaufs. Darum ist die Praxis eines solchen „Gebetes der liebenden Aufmerksamkeit" für
alle, die ein bewußtes geistliches Leben führen wollen,
nachdrücklich anzuraten. Es geht darum – wie Paulus
sagt –, „die Stunde auszukaufen" (Eph 5,15). Denn „in jeder verbirgt sich für den Glauben wie die Perle in der
Muschel das Selbstgeschenk Gottes im Heiligen Geist"[30].

Ein solches kontemplatives Bedenken des Alltags mit
dem Ziel, ihn auf seinen Signalcharakter hin abzuhören,
kann auch in Gemeinschaft mit anderen geschehen. Man
nennt es dann „Revision de vie", wörtlich: Noch-einmal-
Sehen des Lebens. Im Deutschen wird dieser Ausdruck
meist mit „Lebenserneuerung" übersetzt, weil das gemeinsame Hören auf den Ruf Gottes im Alltag zu einem
erneuerten Leben, d.h. zu einer neuen Weise des Gehorsams führen soll. Gerade das gemeinsame Hören auf die
gleiche Sache und der Austausch des Gehörten untereinander macht das tiefste Wesen kirchlichen Gehorsams
aus, von dem hier aber nicht weiter die Rede sein soll[31].

b) Über das tägliche kurze „Gebet der liebenden Aufmerksamkeit" hinaus sind für die Praxis des Gehorsams wenigstens gelegentlich auch längere Gebetszeiten unabdingbar.
Es ist die schweigende Kontemplation, welche die verschiedenen „Signale" des Alltags sammelt. Dies ist ja auch
der Wortsinn von Kontemplation: zusammen-sehen, sam-
meln. Das Hören vor Gott, zumal vor einer Neuorientie-
rung des eigenen Lebens oder vor einer wichtigen

Entscheidung, die man für sich oder andere zu treffen hat, vollzieht sich in der „sammelnden" Stille. In der Offenbarung des Johannes steht der Satz: „Siehe, ich stehe vor der Tür und klopfe an. Wenn einer meine Stimme hört und mir auftut, so will ich Mahl mit ihm halten und er mit mir" (3, 20). Im Anschluß daran kommentiert Heinrich Spaemann: „In der Innerlichkeit des Schweigens, wenn das Hören zum Lauschen wird, wird dieses Klopfen gehört, diese Stimme vernommen. Das Licht kommt zu denen, die Dunkel erfahren, das erweckende Wort zu denen, die selber nicht mehr das Wort haben. Dazu aber muß das Schweigen tief genug gehen und ausdauernd genug sein."[32]

Wenn man so das Schweigen vor Gott sucht, um in der Bereitschaft, sein Wort zu hören, das eigene Leben mit seinen Fragen und Problemen zu bedenken, so treten in der Regel *Stimmen* auf, man „kommt auf etwas", Gedanken und Neigungen stellen sich ein. Aber – und hier liegt nun die große Schwierigkeit – es sind Stimm*en*, nicht nur eine Stimme, es ist oft ein ganzes Gewühl von Ideen, Vorstellungen und Gedankenblitzen.

Damit stellt sich die Frage: Wo ist Gottes Stimme unter den vielen, vielen Stimmen und Gegenstimmen? Was nützt mir die Glaubensüberzeugung, daß Gott in mir und durch mich spricht, wenn sich auch ganz andere Faktoren in mir Gehör verschaffen: Da sind auch die Stimmen meines Egoismus und meiner unbeherrschten Triebhaftigkeit, da sind die verinnerlichten Stimmen von Autoritäten und gesellschaftlichen Plausibilitäten, da sind die Reflexe meiner Umgebung so gut wie Fantasie- und Gefühlsvorstellungen aller Art, die von meinen jeweiligen Stimmungen und Launen abhängig sind. Wo spricht in all dem Gott, wo ist Gottes Heiliger Geist am Werk?

IV

Geistliche Unterscheidung

1. Was heißt „Unterscheidung"?

Die Erfahrung der Vielfalt und Widersprüchlichkeit der Stimmen, ja des inneren Hin- und Hergerissenseins vor Entscheidungen ist uralt, so alt, wie überhaupt Menschen bewußt auf Gott hören wollten. Aber diese Vielstimmig- und Vieldeutigkeit der Stimmen war auch der Anlaß, Regeln zu suchen und zu finden, Kriterien, Maßstäbe, um den unverwechselbaren Klang der Stimme Gottes aus dem Lärm dessen, was nicht von Gott ist, herauszuhören. Gott wäre nicht Gott und sein Ruf an uns nicht ernst gemeint, wenn er sich nicht von jedem anderen unterscheiden ließe.

Dieser Unterscheidungsvorgang heißt in traditioneller Sprache „Unterscheidung der Geister"[33]. Der Ausdruck geht auf eine neutestamentliche Formulierung zurück. In 1 Kor 12, 10 nennt Paulus bei seiner Aufzählung der verschiedenen Charismen auch die „Fähigkeit, die Geister zu unterscheiden". Damit ist im Kontext – und darüber hinaus in Anknüpfung an die alttestamentliche und qumranische Praxis, wahre und falsche Propheten bzw. den „Geist der Wahrheit" und den „Geist des Unrechts" auseinanderzuhalten – die Gabe gemeint, zwischen wahren und falschen „Charismatikern" zu unterscheiden, d.h. zwischen Menschen, die Gottes Wort wirklich zur Sprache bringen, und denen, die aus eigenem Antrieb bzw. aus dem Antrieb eines „bösen Geistes" heraus reden.

Auf der gleichen Linie liegt 1 Thess 5,19ff.: Hier wird der Gemeinde die Wertschätzung des prophetisch-charismatischen Wortes nahegelegt, gleichzeitig wird sie aber aufgefordert: „Prüfet alles und behaltet das Gute." Schließlich spricht auch 1 Joh 4,1–6 ausdrücklich von einer Prüfung der Geister: „Traut nicht jedem Geist, sondern prüft die Geister, ob sie aus Gott sind; denn viele falsche Propheten sind in die Welt hinausgezogen." Mit den „Geistern" sind offenbar auf der einen Seite die Irrlehrer gemeint, die, vom bösen Geist inspiriert, Christus leugnen, und auf der andern Seite die Lehrer der wahren christlichen Überlieferung. Die Unterscheidung zwischen ihnen wird jedem Christen zugemutet, sie ist also *nicht nur* ein besonderes Charisma; denn jeder Christ soll als „geistlicher" leben und dabei unterscheidend zu erkennen suchen, „was der Wille Gottes, was gut und wohlgefällig und vollkommen ist" (Röm 12,2).

Während sich also im Neuen Testament die Bezeichnung „Geister" eher auf die Unterscheidung zwischen Menschen bzw. Menschengruppen bezieht, die vom Geist Gottes oder vom teuflischen Ungeist getrieben sind, wird in der nachbiblischen Zeit – vor allem durch Origenes – dieser Begriff ausgeweitet: Jeder ist auch in sich selbst dem Einfluß eines guten oder bösen Geistes ausgesetzt, dessen An-Regungen es auseinanderzuhalten gilt. Daran knüpft das frühe Mönchtum an. „Gerade weil die Eremiten ‚monachoi', ‚allein' waren, kam es darauf an, die ‚Geister', d.h. ihre inneren Anregungen unterscheiden zu können."[34]

Die geistlichen Erfahrungen der Mönche, die Kriterien und Maßstäbe, die sie gefunden hatten, wurden in Regeln formuliert bewahrt und tradiert. Vor allem durch Johannes Cassian kamen sie auch in die Westkirche und wurden weiterüberliefert. Doch wurde im Westen schon bald der Unterscheidungsvorgang sehr einseitig nuanciert. Er wird nahezu identisch mit der Haltung der „Klugheit', die es versteht, Maß und Mitte zwischen den Extremen zu halten"[35], d. h. zwischen einem Zuviel oder einem Zuwenig im Bereich von Askese, Frömmigkeit und menschlichem Tugendstreben zu unterscheiden.

Eine neue Pointierung erhält die „Unterscheidung" durch Ignatius von Loyola. Für ihn hat die Unterscheidung der Geister ihren Platz im – vor allem in Entscheidungssituationen gegebenen – Fragen und Suchen des einzelnen nach dem Willen Gottes. Zwar fragte man auch schon im Altertum und Mittelalter vor Entscheidungen, welche Stimmen und Anregungen vom guten und welche vom bösen Geist kämen, um dem einen zu folgen und den andern zurückzuweisen. „Ignatius aber ‚provoziert' gewissermaßen Trost und Trostlosigkeit in den Meditationen und der Wahl, um so experimentell herauszufinden, welches der Wille Gottes für eine ganz konkrete Person unter ganz konkreten Umständen wäre."[36] Diese ignatianische Unterscheidung hat besonders durch die Verbreitung der Exerzitien die neuzeitliche Spiritualität der Westkirche nachhaltig geprägt.

Blicken wir schließlich auf die Gegenwart, so denken neuere Autoren bei der „Unterscheidung der Geister" weniger an Geister im Sinne von Engeln oder Dämonen, sondern an die Stimme des Heiligen Geistes auf der einen Seite und an die Stimme des vom Geist Gottes nicht oder noch nicht erfaßten, von persönlicher Schuld und/oder sündiger Welt geprägten eigenen Ich auf der anderen Seite. Deshalb ist heute eher von „geistlicher Unterscheidung" die Rede.

Solche Unterscheidung ist für die meisten von uns, deren Ort vielfach das trübe Grau zwischen Gut und Böse, Glaube und Unglaube, Entschiedenheit und Trägheit ist,

nicht leicht. Wenn die Bereitschaft zum Hören und zur
Lebenshingabe an Gott vermischt ist mit der Angst vor
der Helle des göttlichen Rufes und mit der Furcht, die er-
trägliche „Wohnung", in die man sich ganz schön eingerichtet hat, zu verlieren, wenn man lieber seine eigenen
Lebensideale entwirft, statt sie hörend entgegenzuneh-
men, so ist die Stimme Gottes immer schon „gefiltert"
durch eben diese vorgegebene Ambivalenz und Unent-
schiedenheit, und sie verliert sich im Gewühl der vielen
anderen Stimmen. Deshalb ist ein vielleicht lang andau-
ernder Prozeß der Unterscheidung vonnöten.

Für einen solchen Prozeß kennt – wie erwähnt – schon
die Heilige Schrift, dann aber vor allem die geistliche Erfahrung der kirchlichen Tradition eine Vielzahl von Regeln und Kriterien. Gewöhnlich werden sie „Regeln zur
Unterscheidung der Geister" genannt. Es geht darum, mit
ihrer Hilfe zu erkennen, wo Gottes Geist (= Gottes
Stimme) unter den vielen Geistern und Stimmen ist und
wo nur die Stimme der eigenen Selbstbehauptung, bösen
Neigung und Trägheit oder auch des eintrainierten Über-
Ich, die Reflexe der Umwelt oder eine überreizte Phantasie sich zu Wort melden[37].

Von diesen Regeln der geistlichen Tradition sollen im
folgenden einige, längst nicht alle, die für den christlichen Alltag und die darin anstehenden Entscheidungen
von Wichtigkeit sein können, entfaltet werden. Es ist aber
zu betonen, daß es nicht ausreicht, nur *eine* von den folgenden Regeln anzuwenden; alle zusammen oder wenigstens die meisten müssen auf das gleiche hin konvergie-
ren. Dann darf man annehmen: Diese und nur diese
Stimme stammt von Gott, der darin um meine gehorsame
Lebensübergabe wirbt.

2. Regeln zur geistlichen Unterscheidung

1. Regel

Allein die „Stimme", die sich auf ein Wort der Heiligen Schrift, insbesondere auf ein bestimmtes Verhalten oder eine konkrete Weisung Jesu zurückführen läßt, ist unter den vielen anderen Stimmen die Stimme Gottes. Mit „zurückführen" ist gemeint: Nur wo eine innere Anregung mir ein Schriftwort, besonders einen Zug der Gestalt Jesu auf mein Leben hin übersetzt und konkretisiert, ist Gottes Geist am Werk. Umgekehrt: Das, wofür es keinerlei Anhalt in der Heiligen Schrift gibt, kann kein Ruf Gottes an mich sein.

Diese Regel ist uralt. Sie zieht sich von der frühen Zeit der Wüstenväter bis in die Gegenwart durch. Schon Antonius, der Vater des Mönchtums, schärft ein: „Was du auch tust, oder was du auch redest: für alles suche ein Zeugnis in den Heiligen Schriften."[38] Im Mittelalter stellt Heinrich von Friemar als oberste Unterscheidungsregel heraus: „Das erste Zeichen (für die Stimme Gottes) besteht darin, daß das, wozu du dich angetrieben fühlst, dich dem Beispiel Christi und seiner Heiligen ähnlicher macht."[39] Und für die Neuzeit sei nur Bruder Karl (Charles de Foucauld) genannt, der diese Regel sogar dahin zuspitzt: „Frage dich in allen Dingen: Was hätte unser Herr getan? und handle ebenso! Dies ist deine einzige Regel, aber es ist deine unbedingte Regel!"[40]

Natürlich wissen wir nicht, wie Jesus sich angesichts bestimmter Probleme und Fragen von heute verhalten hätte. Und deswegen hat man sich auch vor einer mißbräuchlich-illusorischen, ja manipulativen Anwendung dieser Regel zu hüten[41]. Und dennoch haben wir mindestens ein Gespür dafür, daß bestimmte Verhaltensweisen, die sich als Möglichkeit anbieten, für Jesus nicht in Frage gekommen wären, andere ihm dagegen nahegelegen hät-

ten, weil sie eine nachweisbare Entsprechung im Evangelium haben. Und eben die Stimme, die mir das Evangelium ins Hier und Heute meines Lebens übersetzt, dürfte
Gottes Ruf an mich sein.

Der Grund dafür ist klar: Gott hat sein Wort und seinen Willen in der von der Heiligen Schrift bezeugten und
tradierten Heilsgeschichte mitgeteilt, ja in Jesus Christus
hat er sich ganz und gar ausgesprochen. Darum läßt sich
alles, was er hier und heute sagt, an der Heiligen Schrift,
insbesondere an Jesus Christus messen. Anders formuliert: Der Klang seines Rufes hier und heute hat den gleichen unverwechselbaren Klang, der auch in der Heiligen
Schrift zu finden ist.

Es ist hier nicht der Ort, alle Eigenarten, Klangfarben,
Ober- und Untertöne dieser Stimme zu beschreiben; nur
einige charakteristische Merkmale dieses Klangs seien
genannt: Jesu Gehorsam führte zur völligen Lebenshingabe, er führte in Leiden und Anfechtungen, sein Gehorsam war ein Gehorsam „bis in den Tod". So wird auch der
Ruf Gottes an uns heute normalerweise nicht das für uns
Bequemere und das unserer Trägheit Entsprechendere
zur Sprache bringen. Er wird uns nicht bestätigen in unserer Ichsucht und in den eingefahrenen Geleisen unseres Lebens, auch nicht in den gesellschaftlichen Selbst-
verständlichkeiten und in den Rollenerwartungen, die andere an uns herantragen, er wird uns vielmehr so oder so
tiefer in die Nachfolge Jesu führen, in das „Verlieren des
Lebens, um es zu gewinnen". Darum formuliert der
schon genannte Heinrich von Friemar als zweites Unter-
scheidungskriterium: „Zeichen (der Stimme Gottes) ist es,
wenn dich das, wozu du dich angerufen fühlst, demütiger und kleiner macht, so daß du im Eingehen auf diese
Anregung demütiger und kleiner wirst, als ohne sie."[42]

Ganz ähnlich sagt die „Nachfolge Christi": „Die Natur

(gemeint ist die von der Sünde infizierte Natur, also die Stimme des Ungeistes im Menschen) ist auf ihren eigenen Vorteil bedacht und achtet darauf, was für einen Nutzen sie selbst aus etwas zieht. Die Gnade aber (die Stimme des Heiligen Geistes) ist nicht auf den eigenen Nutzen und Vorteil gerichtet, sondern eher auf das, was vielen anderen nützt. Die Natur nimmt gern selbst Ehre und Anerkennung entgegen, die Gnade dagegen gibt getreulich Gott Ehre und Lobpreis."[43]

Deshalb wird die Stimme Gottes sich oft nicht in die eigenen Wunsch- und Zielvorstellungen und auch nicht in die Vernünfteleien und Plausibilitäten der Zeit einfügen, sondern quer dazu stehen und – gleich dem Ruf an Abraham – sagen: Zieh fort, bleibe nicht, wo du bist, handle anders! Gott bestätigt uns nicht in dem, was wir sind, sondern er will uns weiterführen zur größeren Gleichgestalt mit seinem Sohn.

Kurz noch einmal die erste Regel: *Nur die Stimme, die sich auf ein Schriftwort, insbesondere auf ein Verhalten Jesu zurückführen läßt, ist unter den vielen anderen Stimmen die Stimme Gottes.*

2. Regel

Diese steht in einer gewissen Spannung zur ersten. Sie lautet: *Gottes Stimme ist vernünftig.* Gott selbst hat mit Weisheit und Vernunft die Welt geschaffen, alle seine Werke sind weise geordnet. Und so ist auch sein Ruf nicht einfach unsinnig, widervernünftig, irrational. Der im Glauben geforderte Gehorsam ist ein „obsequium rationi consentaneum", ein der Vernunft entsprechender Akt, wie das I. Vatikanische Konzil sagt. Die gesamte christliche Moraltheologie und Ethik hat darum immer die Klugheit zu den Kardinaltugenden gezählt.

Gewiß stellt sich der Ruf Gottes nicht einfach und jederzeit als Ergebnis vernünftiger Reflexion und Argumentation dar. „Denn da die Welt angesichts der Weisheit Gottes auf dem Weg ihrer Weisheit Gott nicht erkannte, beschloß Gott, alle, die glauben, durch die Torheit der Verkündigung zu retten. Die Juden fordern Zeichen, die Griechen suchen Weisheit. Wir dagegen verkündigen Christus als den Gekreuzigten: für Juden ein empörendes Ärgernis, für Heiden eine Torheit ... Das Törichte in der Welt hat Gott erwählt, um die Weisen zuschanden zu machen, und das Schwache in der Welt hat Gott erwählt, um das Starke zuschanden zu machen" (1 Kor 1, 21 f.).

Darum kann sein Ruf sehr wohl gegen menschliche Vernünfteleien und allzu schlüssige Argumentationsketten stehen, vor allem gegen einen gesellschaftlichen Vernunftgebrauch, der nur die Normativität des Faktischen ideologisch absegnet mit beschwichtigenden Worten wie: „Sei doch ‚vernünftig', so handeln alle!", und der die Torheit des Kreuzes und die „Vernunft" des Evangeliums, die „höher ist als alle Vernunft", nicht wahrhaben will. Doch deswegen ist Gottes Ruf nicht *wider* alle Vernunft. Rein irrationale Ideen, Gedankenspiele und fantastische Übersteigerungen, die mit der Wirklichkeit nichts zu tun haben, sind Zeichen des Ungeistes, nicht des Geistes Gottes.

Auch darauf haben die Lehrer des geistlichen Lebens immer wieder aufmerksam gemacht: „Was vom Bösen kommt, entspringt oft der Unvernunft. Deshalb gilt: So wie die Stimme des Bösen dem Menschen überhaupt fremd ist [d. h. ihn von sich entfremdet], so ist sie auch meist der menschlichen Vernunft fremd."[44] Folglich besteht ein Kriterium, daß eine Anregung *nicht* von Gott kommt, darin, daß diese sich allzu unkritisch wider die

Vernunft auf eine angebliche besondere göttliche Führung, Eingebung und Erleuchtung beruft, ohne mit der Wirklichkeit und ihren Ordnungen und Gesetzen übereinzustimmen. Heinrich von Langenstein[45] schärft in diesem Zusammenhang den Satz des hl. Augustinus ein: „Gott lenkt alle Dinge so, daß er die in ihnen angelegte und ihnen gegebene Natur und deren Dynamik sich verwirklichen läßt."

Daß also Gott die Dinge sein läßt, was sie von Schöpfung her sind, und daß er sie gerade in ihrem Sosein gütig begleitet und weiterführt, darin besteht die Vollkommenheit des Schöpfers. Darum ergeht auch der besondere Ruf Gottes nicht gegen die eigene Veranlagung oder gegen andere Ordnungen und Strukturen der geschaffenen Realität, sondern er bewegt sich im Rahmen vorgegebener Wirklichkeiten und Möglichkeiten, die man kraft der Vernunft erkennen kann. In diesem Sinne ist die Unterscheidungsregel gemeint: *Gottes Stimme ist vernünftig.*

3. Regel

Zeichen der Stimme Gottes ist es, daß sie im Hin und Her verschiedener anderer Gedanken, Neigungen und Zielvorstellungen als einzige *aus einer guten, lichten Ursache erwächst, auf ein helles Ziel hinlockt und dafür gute Mittel empfiehlt.* Der Grund für diese Regel liegt auf der Hand: Weil „Gott Licht ist und keine Finsternis in ihm ist" (Joh 1,5; vgl. auch Jak 1,17) und weil all sein Wirken einzig darauf abzielt, uns als „Kinder des Lichtes" in sein Licht zu führen, verträgt sich sein Ruf nicht mit der winzigsten Spur des Bösen oder des Verworrenen, welches das Licht zu scheuen hat. Darum hat man zu prüfen, welche Geistesstimme sich in eine lautere Motivation einfügt, ob sie gute Früchte zeigt und ihre Weisung auf einem klaren und guten Weg zu verwirklichen ist. Ist dies nicht der Fall, entspringt die vermeintliche Stimme Gottes eher eigenen unguten oder weniger guten Absichten und Ideen als dem Ruf des „ur-guten" Gottes.

Diese Regel ist gleichfalls sehr alt, sie findet sich in vielen Variationen schon in der Heiligen Schrift. So sagt Jesus – ganz auf der Linie alttestamentlicher Kriterien – selbst: „Hütet euch vor den falschen Propheten; sie kommen zu euch wie harmlose Schafe, in Wirklichkeit aber sind sie reißende Wölfe. *An ihren Früchten werdet ihr sie erkennen*" (Mt 7, 15 f.).

Eine ähnliche Unterscheidungsregel legt der hl. Paulus vor: „Die Frucht des Geistes ist Liebe, Freude, Friede, Langmut, Freundlichkeit, Güte, Treue, Sanftmut und Selbstbeherrschung." Dagegen sind die Werke des Fleisches ausgezeichnet durch „Unzucht, Unsittlichkeit, ausschweifendes Leben ... Feindschaften, Streit, Eifersucht, Jähzorn, Eigennutz, Spaltung, Parteiung, Neid und Mißgunst, Trink- und Eßgelage" (Gal 5, 19 ff.).

Gestützt auf das biblische Kriterium, daß man an seiner Herkunft und seinen Früchten den Geist erkennt, stellten viele spätere theologische Traktate über die Unterscheidungskriterien immer wieder heraus, daß es Zeichen des Heiligen Geistes ist, daß Neigungen, Gedanken und Tun in ihrem Ursprung und Ziel, also in ihrem ganzen Motivationskontext „rundherum" gut sind.

Als Beispiel sei Hugo von Sankt Viktor angeführt. Er weist darauf hin, daß „die Aufmerksamkeit sich auf die inneren Bewegungen richten soll und zu fragen hat, woher sie kommen und worauf sie abzielen. Es ist also nach Ursprung und Ziel zu fragen ... Was eindeutig gut oder böse ist, wird danach beurteilt, was sein letzter Ursprung ist. Wo aber der Ursprung zweifelhaft ist, richtet sich das Urteil nach dem Ziel einer Handlung. Das Endziel zeigt nämlich, was von Anfang an verborgen war. Wenn man daher seine inneren geistigen Bewegungen nicht vom Ursprung her beurteilen kann, so soll man das Ziel der Handlung abwägen ..." [46]

Ganz ähnlich führt auch Heinrich von Langenstein folgende Unterscheidungskriterien an: Es ist zu fragen, ob aus einem beabsichtigten Tun nur „Ärgernis folgt, Zwietracht, Streit, Nachlässigkeit im Guten, ob die Menschen dadurch eher schlechter als besser werden". Und weiter: „Man muß darauf achten, wohin der Antrieb des Geistes geht, ob er sich z. B. nur darauf richtet, sich als besonders ‚heilig' zu erweisen oder sich selbst zu gefallen in Wort und Tat und dabei die anderen geringzuschätzen." Ist dies der Fall, so ist eher „der Geist der Überheblichkeit und Selbstsucht als der Heilige Geist am Werk" [47].

Gerade die Idee oder Neigung, vor Gott und den Mitmenschen etwas „Besonderes" sein oder tun zu wollen, ist oft verbunden mit der Haltung der Kritik, biblisch gesagt mit dem „Richten über die anderen". Wo dies zum verborgenen Leitmotiv oder Mitmotiv des Handelns wird, ist gewiß nicht Gott am Werk. Das „Richtet nicht" des Evangeliums ist von Anfang der Kirche an geradezu eine Kurzformel des geistlichen Lebens und ein Kriterium geistlichen Handelns [48]. Das heißt: ein in seinen Gedanken und Handlungen verborgenes „Richten" ist Zeichen des bösen und nicht des guten Geistes.

Dennoch: die Regel, daß sich die Stimme Gottes gerade dadurch auszeichnet, daß sie „rundherum" gut ist und sich deshalb mit keinerlei schlechten oder gar bösen Elementen verbindet, darf nicht idealistisch mißverstanden werden. Im allgemeinen sind unsere Einstellungen, Absichten und Handlungen durch eine tiefgreifende Ambivalenz charakterisiert. Wenn wir uns selbst wahrhaft zu durchschauen versuchen oder wenn erfahrene Menschen uns zu einem authentischen Einblick in unser Inneres verhelfen, stellen wir oft mit Erschrecken fest, wie erhabene und niedrige, helle und dunkle, gute und böse Motive – gelegentlich unentwirrbar – alles durchsetzen. Wie kann da überhaupt die dritte Regel sinnvoll Anwendung finden? Zwei Zusatzbedingungen sind hier zu beachten:

a) Wo sich ungute Motive bemerkbar machen, gilt ganz schlicht der Satz von Albert Görres: „Motive können durch Motive entkräftet werden oder durch Änderungen in der Motivierbarkeit der Person.[49]" Und Görres veranschaulicht dies mit dem Hinweis auf das Märchen vom „Hans im Glück". *Jeder* Mensch ist in seinem tiefsten Wesen ein „Hans im Glück". „Er kann alles gebrauchen, aus allem etwas machen, auf alles ‚Wert legen', wie ein Flohmarkthändler. Alles gegen alles eintauschen; einen Goldklumpen gegen ein Pferd, ein Linsenmus gegen ein Erstgeburtsrecht, eine Perle gegen sein ganzes Vermögen, die ganze Welt gegen seine Seele, und immer auch umgekehrt das Zweite für das Erste. Er kann alles wegwerfen, wenn er es vorzieht, nichts tragen zu müssen. Er ist ein Tauschhändler, ein Wechsler aller irdischen und himmlischen Güter. Seid gute Geldwechsler!, sagt die Schrift ... Das Evangelium ist ein Lehrbuch des Tauschhandels. Es fordert dazu auf, ein Kenner, Liebhaber und Sammler der echten Schätze zu werden.[50]"

Kurz also: man kann aus allem etwas „machen". Erst recht kann Gott, der sogar Sünde und Schuld zur „felix culpa" umzubiegen vermag, aus allem etwas machen. Wenn sich also zeigt, wie ambivalent manche unserer Intentionen und Handlungsmotive sind, so stellt sich die Aufgabe, diese – vielleicht in einem langandauernden Prozeß – „auszutauschen". Ist dies möglich, so zeigt sich gerade im Gelingen eines solchen Weges, daß der ursprünglich vernommene Antrieb trotz aller Ambivalenz wirklich von Gott herkommt. Ist dies aber nicht möglich, so gilt die dritte Regel in ihrer ganzen Schärfe.

b) Ruft uns eine innere Stimme dazu auf, einem anderen von Herzen gut zu sein, ihm wahrhaft zu helfen und beizustehen, so ist dieser Stimme zu folgen, auch wenn sich noch so viele andere Motive mit einschleichen. Dies ist sehr schön in einer alten Mönchsgeschichte illustriert und erklärt:

„Ein Bruder sprach zum Altvater Poimen: ‚Wenn ich meinem Bruder ein wenig Brot oder etwas anderes gebe, dann entwerten es die Dämonen: es sei gegeben, um den Menschen zu gefallen.‘ Der Greis sagte: ‚Auch wenn es aus Gefallsucht geschieht, so wollen wir doch dem Bruder das Nötige geben.‘ Er legte ihm folgendes Gleichnis vor: ‚Zwei Männer, die Bauern waren, wohnten in der gleichen Stadt. Der eine davon säte nur wenig Saatgut, und zwar ungereinigtes, der andere sparte sich das Säen und erntete überhaupt nichts. Wenn nun eine Hungersnot auftritt, wer von den beiden wird zu leben haben?‘ Der Bruder antwortete: ‚Der, der wenig und Ungereinigtes gesät hat.‘ Da sagte der Greis zu ihm: ‚Laß uns wenigstens ein wenig und wenn auch Ungereinigtes säen, damit wir nicht Hungers sterben.‘“ [51]

So ist die dritte Regel selbst – wie jede andere auch – ein ambivalentes Kriterium. Sie gilt, aber sie gilt nur mit anderen Kriterien zusammen: *Zeichen der Stimme Gottes ist, daß sie „rundherum“ in einem guten Kontext steht.*

4. Regel

Gott ruft immer dahin, wo man letztlich Trost, Freude, Zuversicht und Hoffnung findet. Gottes Stimme ist immer so, daß man im letzten und tiefsten auch weiß: So ist es gut, so ist es recht, so soll es sein! Sie stürzt nicht in Sorge, Unruhe und Angst; sie zerreißt und entfremdet das eigene Wesen nicht von sich selbst. Denn zum Merkmal des Heiligen Geistes gehört, daß er Einheit und Eintracht, Freude und Friede nicht nur unter den verschiedenen Menschen, sondern auch in sich selbst schafft, daß er also das eigene Herz zur Übereinstimmung mit sich, zu innerer Harmonie und Identität bringt. Darum ist ein Kriterium der Stimme Gottes, daß sie „das Herz mehr sammelt und vereint"[52] und dadurch Freude und Frieden schenkt.

Daß dies der unverwechselbare Klang der Stimme Gottes ist, zeigt das ganze Evangelium. Evangelium heißt und ist „Botschaft der Freude". Wie könnte da der konkrete Ruf Gottes an den einzelnen anderes sein als „Evangelium", d.h. als eine Stimme, die froh macht. Gott will uns zu uns selbst, zu Glück und Heil, zur Sinnerfüllung und Lebensganzheit führen[53].

Aber Lebens*ganzheit!* Darum ist ein innerer Ruf und Antrieb, der zu einem konkreten Verhalten oder Tun auffordert, nicht einfach daran zu messen, ob er hier und jetzt froh macht, sondern ob sich das intendierte Verhalten oder Tun in das *Ganze* des Lebens freud- und friedvoll einordnen und harmonisch integrieren läßt. Ignatius von Loyola gibt darum den Rat, vor einer wichtigen Entscheidung sich selbst gleichsam in seiner Todesstunde vorzustellen und zu fragen, welche Entscheidungen man aus dieser Sicht getroffen haben möchte[54]. Mag diese Vorstellungsweise sich auch barockem Lebensgefühl verdanken, im Grunde ist damit etwas ausgesprochen Tiefsinniges zum Ausdruck gebracht: Da, wo sich jemand den Tod vor Augen hält, wird er aus dem Glanz und Elend des jetzigen vergehenden Augenblicks herausgerissen und mit dem Ganzen seines Lebens, das ja im Tod versammelt ist, konfrontiert. Wichtige Lebensentscheidungen sollen angesichts dieses „Ganzen" und nicht aus der Stimmung eines schnellebigen Augenblicks oder ei-

75

ner bald sich ablösenden Situation getroffen werden. Was der Lebens*ganzheit* Integrität, Freude, Frieden und Trost schenkt, das ist als Stimme Gottes erwiesen.

Freilich muß man auch mit dieser Regel, der sogenannten „Trost-Regel", die Ignatius in eine Vielzahl differenzierter Regeln aufschlüsselt und die für ihn wohl die wichtigste war, behutsam umgehen. Ganz bewußt wurde anfangs formuliert: Gottes Stimme ist so, daß ich *im Letzten und Tiefsten* auch weiß, daß es so gut und recht und schön ist. Es kann aber durchaus sein, daß ein Anruf Gottes zunächst auch einmal beunruhigt und in Angst und Schrecken versetzt, daß er aufregt und aufscheucht oder bedrückt und ratlos macht. Denn Gott will ja mit seinem Ruf den Menschen in Bewegung setzen, er will ihm Freiheit schenken, auf daß dieser ihm in Freiheit sein Leben überläßt. Da der Mensch sich aber oft ganz schön „eingerichtet" und bei sich selbst abgesichert hat, kann die Stimme Gottes sich nicht selten als sehr unangenehm und störend erweisen.

Gottes Ruf, der schon Abraham in eine dunkle und unüberschaubare Zukunft hineinrief, kann uns sehr ungelegen kommen, da wir unsere Zukunft übersehen und selbst in die Hand nehmen möchten. Und doch: Gottes Stimme läßt sich im Gewühl der vielen anderen Stimmen daran erkennen, daß sie sich – zumindest über längere Zeit – als diejenige erweist, die wahre Freude und tiefsten Trost bringt. Das bedeutet aber auch umgekehrt: Wer glaubt, einen Ruf von Gott gehört zu haben und doch darüber niemals wirkliche Freude, innere Ruhe und Gelöstheit empfindet, muß sich sagen: Ich habe mich getäuscht, hier kann Gottes Geist nicht am Werk gewesen sein. Denn *er ruft mich* – so noch einmal die vierte Regel – *dorthin, wo ich letztlich Trost, Freude, Zuversicht und Hoffnung finde.*

76

5. Regel

Diese Regel hängt eng mit der vorangehenden zusammen: *Gottes Ruf überfordert mich nicht.* – Es kann sein, daß ich in mir einen Antrieb erfahre, der mich tiefer in die Nachfolge Christi drängt und zu einem entschiedeneren Leben nach dem Evangelium führen will. Gleichzeitig aber bin ich darüber zutiefst beunruhigt. Ich habe den Eindruck: ich „sollte" eigentlich, aber ich kann nicht; es ist mir zu viel, zu schwer, eine Last, die ich nicht tragen kann. Eine solche überfordernde Stimme kommt nicht von Gott. Dennoch ist sie nicht einfach zu verdrängen. Denn hinter ihr kann sich ein Weckruf Gottes verbergen, den mein Ich – vielleicht unbewußt – nur in falscher Weise „verstärkt" hat, sei es, weil das Über-Ich ein irreal-idealistisches Leitbild von mir entwirft, sei es, weil ich es anderen gleichtun möchte[55] oder weil ich mir selbst in einem nur vorgestellten oder verbalen Radikalismus gefallen will. Darum gilt:

Tu nicht gleich das „Ganze", was du zu hören glaubst und worüber du beunruhigt bist. Geh vielmehr einen ersten Schritt in die Richtung, wohin es dich treibt; laß dich dabei ein wenig mehr vom Evangelium treffen als vordem, ja, tu vielleicht sogar ein wenig mehr als du glaubst, du habest die Kraft dazu. Dann wird sich zeigen, ob dieser erste Schritt trägt, ob du – im Sinne der Regel vier – dabei Freude, Trost und Frieden findest. Und dann magst du weitergehen.

Auch diese Regel ruht auf einer langen geistlichen Erfahrung auf. Schon die sogenannten „Wüstenväter" haben den, der ein entschiedenes geistliches Leben beginnen will, davor gewarnt, zu radikal zu sein, ohne Rücksicht auf die eigenen Möglichkeiten und ohne sorgfältige Prüfung der Motivationen (im Sinne der dritten Regel).

Für sie ist es geradezu ein Fallstrick des Teufels, den Menschen mit der ganzen Forderung des Evangeliums zu konfrontieren und ihn dadurch *entweder* mutlos zu machen *oder* die eigenen geistigen Kräfte auf eine falsche Fährte setzen zu lassen *oder* ihn in eine bloß „vorgestellte" und „verbale" Radikalität zu treiben – in jedem Fall aber ihn abzuhalten, den langen und geduldigen Weg der Nachfolge zu beschreiten.

In diesem Sinne warnt auch Ignatius von Loyola: „Es ist dem bösen Engel eigen, der Gestalt unter einem Lichtengel annimmt, bei der frommen Seele einzutreten und bei sich selbst hinauszugehen; nämlich gute und heilige Gedanken zu bringen, wie es dieser gerechten Seele entspricht; und danach bemüht er sich allmählich, bei sich hinauszugehen, indem er die Seele zu seinen verborgenen Täuschungen und verkommenen Ansichten zieht.[56]" Gerade die „falsche Radikalität" kann sich als „Engel des Lichtes" gebärden, in Wirklichkeit aber die Scheingestalt des Bösen sein.

Für die schlimmen Folgen falscher Radikalität seien einige Zeugnisse aus der geistlichen Tradition angeführt.

Daß Selbstüberforderung oder Überforderung anderer nur in Traurigkeiten führen, die nicht dem Evangelium entsprechen, ist sehr schön in folgender Mönchsgeschichte zum Ausdruck gebracht:

„Ein Bruder kam zu Abbas Poimen und sagte zu ihm: ‚Ich bestelle meinen Acker und gebe davon Almosen.' Der Altvater sagte: ‚Du tust gut daran.' Er ging mit Zuversicht weg und gab noch mehr Almosen. Abbas Anub hörte von dem Ausspruch und sagte zu Abbas Poimen: ‚Fürchtest du Gott nicht, daß du so zu dem Bruder sprichst?' [Gemeint ist: Wie konntest du nur diesem Bruder ein gutes Gewissen machen, der doch nicht wie ein Mönch, sondern wie andere Nicht-Mönche lebt, indem er einen Acker besitzt und diesen bestellt!] Der Greis schwieg. Nach zwei Tagen schickte der Altvater Poimen zu jenem Bruder und sagte zu ihm, wobei der Abbas Anub ihn hörte: ‚Was hast du mir gestern gesagt? Mein Geist war anderswo.' Der Bruder sagte: ‚Ich bestelle meinen Acker und gebe davon Almosen.' Abbas Poimen sprach nun zu ihm: ‚Ich glaubte, daß du von deinem Bruder in der Welt sprichst. Wenn *du* also dieses Werk tust, so ist es kein mönchisches!' Als der Bruder das hörte, wurde er traurig und sagte: ‚Ich verstehe kein anderes Werk als dieses, ich kann nichts als meinen Acker bestellen.' Als er nun weggegangen war, warf sich der Abbas Anub auf die Knie und sagte: ‚Verzeih mir!' Und Abbas Poimen antwortete: ‚Auch ich wußte von Anfang an, daß es kein Mönchswerk ist, aber ich sprach gemäß seiner Fassungskraft, und ich gab ihm auch Mut zur Vermehrung der Almosen. Nun aber ist er traurig weggegangen, und er tut das gleiche Werk.'"[57]

Die Überforderung des Bruders (und natürlich auch die eigene) bringt also nichts Gutes, sondern nur Schlechtes. Deshalb heißt es bei Abbas Poimen: „Alles Übermaß ist von den Dämonen."[58]

Hugo von Sankt Viktor betont ausdrücklich, daß beim rechten Handeln zwei Übel zu vermeiden sind:

„Traurigkeit und Streß. Die Traurigkeit führt zur Bitterkeit und der Streß zur Oberflächlichkeit. Durch Traurigkeit wird der süße Geschmack des Geistes versalzen, durch Streß geht die Ruhe verloren. Traurigkeit entsteht, wenn man sich mit dem, was man nicht gut kann, ungeduldig abquält; in Streß gerät man, wenn man das, was man gut kann, über alle Maßen betreibt. Damit also der Geist nicht bitter wird, trage man geduldig sein Unvermögen, und damit man nicht in Streß gerate, mache man nicht maßlosen Gebrauch von seinen Fähigkeiten."[59]

Die gemeinsame Wurzel von Traurigkeit und Streß aber ist die falsche Radikalität. Sie und jede Art von Überforderung entspricht nicht dem Klang des Evangeliums: „Wer es fassen kann, der fasse es" (Mt 19,12). Gott hat Geduld mit uns, seine Gnade erzieht uns gleichsam (vgl. Tit 2,12), das heißt, sie führt uns gemäß unserer Möglichkeiten Schritt für Schritt weiter und überfordert uns nicht.

Falsche Radikalität kann sogar Erscheinungsform der Sünde sein. Darauf weist Heinrich von Langenstein hin:

> „Geistliche Menschen, die ein besonders strenges Leben führen wollen, scheinen oft zu sündigen durch leichtsinnige Beurteilung und Geringschätzung der anderen, durch gefällige Selbstdarstellung und Bauen auf eigene Einsicht, durch Ungeduld und törichte Einschätzung ihrer selbst und Gottes, durch falsches Vertrauen, illusorische Wunschvorstellungen und Gerede." [60]

Ferner kann unangebrachte Radikalität, zumal in äußeren aszetischen Formen, leicht zu einem falschen Einsatz der eigenen Kräfte und damit zu einer Verschiebung der geistlichen Gewichte führen. Auch dies wird unzählige Male von den geistlichen Vätern zum Ausdruck gebracht. So lautet z. B. ein Wort des Abbas Poimen: „Hunger und Schläfrigkeit ließen uns nicht dazu kommen, die einfachsten Dinge klar zu sehen." [61] Gemeint ist: Aszetisches Fasten und Schlafentzug können dazu führen, das Allereinfachste, nämlich den Anruf Gottes im Hier und Heute, zu übersehen. Auf dieser Linie tadelt auch der anonyme Autor des altenglischen Traktats über die Unterscheidung der Geister die falsche Perspektive, seine Aufmerksamkeit und geistlichen Energien allzu sehr auf aszetische Vollzüge wie Schweigen, Fasten, Alleinsein usw. zu richten. Das alles ist nicht entscheidend:

> „Rede, wenn es dir danach ist, und laß es sein, wenn es dir danach ist, iß, wenn du willst, und faste, wenn du willst, sei in Gesellschaft, wenn du willst, und für dich allein, wann du

willst. Und laß Gott und die Gnade deine Führer sein. Laß fasten, wer will, und allein sein, wer will. Laß Stillschweigen halten, wer es halten will, aber halte du dich an Gott, der niemanden täuscht. Denn schweigen und reden, fasten und essen, Alleinsein und Gesellschaft, alles das kann täuschen."[62]

Entscheidend sind nicht die äußeren radikalen „Formen", sondern die innere Erfahrung des Trostes und der Zuversicht, in der Liebe Gottes zu stehen. Eben diese Liebe Gottes zeigt sich auch in der Art und Weise seines Rufens: *Er überfordert nicht,* er ruft so, daß man folgen kann, und sei es nur mit einem kleinen Schritt nach vorn.

6. Regel

Gottes Stimme ist immer konkret. Das heißt: Sie ruft in meine konkrete Situation hinein und will diese in Bewegung bringen. Gott meint immer mein Hier und Jetzt. „Heute, wenn ihr seine Stimme hört, verhärtet eure Herzen nicht" (Ps 95,7f.; Hebr 3,7). Auch im geistlichen Leben gilt das alte römische Sprichwort: „Hic Rhodus, hic salta!" Negativ gesagt: Gottes Wort betrifft nicht eine irreale Situation, meint nicht eine Zukunft „irgendwann einmal", bringt mich nicht ins Träumen „es wäre schön, wenn ...". Sollten sich also Stimmen, Anregungen und Neigungen einstellen, die sich nicht auf das Hier und Heute beziehen, sondern nur aus der jetzigen Situation heraus-träumen lassen („Wenn ich nicht mehr hier wäre, dann ..." – „Wenn ich eine andere Arbeit, andere Mitmenschen und Kollegen, andere Vorgesetzte und Ordnungen hätte, dann ..."), so stammen sie gewiß nicht vom Heiligen Geist. Gott lädt mich dazu ein, ihm die Zukunft und künftige Möglichkeiten zu überlassen, aber hier und jetzt seiner Einladung zur gehorsamen Lebenshingabe zu folgen. Wir können und brauchen das, was vielleicht einmal kommt, nicht zu erträumen. Vor Gott zählt der je nächste Schritt. Darum gilt: „Nichts aufschieben. Und nicht im Hinblick auf mein mögliches Morgen das Heute Gottes versäumen. Drei Kennzeichen eines Gehorsams im Heiligen Geist: sogleich, freudig, ganz." [63]

Diese Regel ist auch anzuwenden auf die Frage nach einer möglichen äußeren Veränderung des Lebens. Es gibt nicht wenige Menschen, die, über ihre derzeitige Situation innerlich unzufrieden, alles von einer *äußeren* Umstellung erwarten, von einem Orts-, Umwelts-, Berufs-, ja Partnerwechsel. Gewiß ist nicht auszuschließen, daß der Gehorsam gegen Gott auch äußere Veränderungen mit einschließt. Doch sollte man diesbezügliche innere Impulse nicht allzu leicht und unkritisch auf Gott zurückführen. Es lauert die Gefahr, die eigene Unzufriedenheit und Sehnsucht nach Änderung der Lage mit einer Stimme „Gottes" – mehr oder minder unbewußt – zu verwechseln. Deshalb ist *zunächst einmal* davon auszugehen, daß Gottes Ruf die konkrete Situation, in der man steht, betrifft, daß er nicht zu äußeren Veränderungen, sondern zu einem *inneren* Perspektiven- und Einstellungswechsel ruft. Es gilt, nicht ein *anderer,* sondern *anders* zu werden.

Das Hier und Heute ist der Rahmen, in dem Gott Gehorsam erwartet. Deshalb findet sich schon bei den Wüstenvätern in unzähligen Variationen die Aufforderung: „Wenn du dich an einem Orte niederläßt, dann entferne dich nicht leicht" (Antonius) [64]. Wenn Gott es ist, der zu einer äußeren Veränderung ruft, besitzt er auch Mittel und Wege, sich zweifelsfrei und deutlich genug vernehmlich zu machen.

Die Regel: Gottes Stimme ist immer konkret, ist eine der ältesten Unterscheidungskriterien. Sie hängt letztlich damit zusammen, daß Christus „im Fleisch gekommen ist" (1 Joh 4, 2), d. h., daß Gott selbst „konkret" wurde und seine Freiheit in ein Hier und Heute hineingebunden hat. Seine Existenz „in Nazaret" legt davon deutliches Zeugnis ab. „Nazaret", das heißt: Dreißig Jahre, also ein Leben lang, Alltäglichkeit, Banalität, aufreibendes Einerlei des Lebens in jenem „Kaff" am Ende der Welt. So alltäglich war dieses Leben, daß die Evangelien nicht mehr davon zu berichten wissen, als *daß* er es geführt hat. Aber er hat es *so* geführt, daß er gerade in diesem Nazaret „an Weisheit, Alter und Gnade bei Gott und den Menschen zunahm" (Lk 2,52). Und auch als er das sogenannte „öffentliche Leben" begann, war es nicht prinzipiell anders.

Jesus „sprang" nicht von Situation zu Situation, sondern war gerade in der vorgegebenen Lebensform eines „Rabbi" seinem Auftrag von Gott her gehorsam. Weil also Gott selbst „konkret" wurde, ist auch *sein Ruf* an uns *immer konkret.* Er weist uns in unser Hier und Heute hinein und nicht aus ihm heraus. Im allgemeinen ist nicht von einem äußeren Orts-, Umwelts-, Berufs- und Partnerwechsel das Heil zu erwarten, sondern von einer inneren Neueinstellung, von einem Mehr an Lebenshingabe, die sich hier und jetzt zu verwirklichen hat.

7. Regel

Die Stimme Gottes, die man zu hören glaubt, muß sich – wenigstens in wichtigen Fällen – *dem Urteil anderer aussetzen lassen.* Wenn man nicht bereit ist, andere um Rat zu fragen und sich gegebenenfalls mit ihrer Einstellung ehrlich und ernsthaft auseinanderzusetzen, so ist dies fast immer ein Zeichen dafür, daß es sich nur um eigene Stimmen, Strebungen und Wünsche handelt, die man gern unkritisch und ohne Widerspruch von seiten anderer mit dem Ruf Gottes identifizieren möchte. Wie leicht ist es möglich, sich selbst etwas vorzumachen und einzureden: Dies oder jenes will Gott (oder will Gott nicht), dies oder jenes ist vor Gott schon so in Ordnung usw. Und gerade weil man im Tiefsten ahnt oder weiß, daß das Betreffende nicht dem Willen Gottes und seiner Ordnung entspricht, redet man mit niemandem darüber. Man betrügt sich selbst.

Dagegen ist die Bereitschaft, einen vermeintlichen Ruf dem Urteil eines anderen oder anderer auszusetzen, die Probe aufs Exempel dafür, daß man wirklich das „Gegenüber" Gottes, das sich gleichsam im Gegenüber eines Mitchristen zeichenhaft ausdrückt, sucht und dieses nicht mit seinen eigenen verborgenen Wünschen und Antrieben verwechseln will. Rat, Empfehlung, Warnung und Urteil anderer gläubiger Christen sind ein Mittel, aus dem Kreisen um sich selbst und der möglichen Selbsttäuschung herauszukommen.

Darum ist es älteste und ununterbrochene Weisung aller geistlichen Lehrer, daß man den Willen Gottes nicht allein, sondern begleitet von anderen oder mit anderen zusammen sucht. Sonst ist die Gefahr der Selbstvergiftung viel zu groß. „Über keinen freut sich der Teufel so sehr wie über jene, die ihre Gedanken nicht offenbaren", heißt eine durchgehende geistliche Weisheit[65].

Darum ist ein wesentliches Kriterium des Rufes Gottes, daß er im geistlichen Austausch mit einem Mitchristen, sei es mit dem Beichtvater oder Spiritual, einem Freund oder einer geistlichen Gemeinschaft seine Wahrheit erweist und bewährt. Gerade weil die Brüder und Schwestern in Christus gleichsam ein „Spiegel" der Stimme Gottes sind, ist es wichtig, „gemeinsam zu erkennen suchen, wo Gott uns in den Ereignissen, Begegnungen und Gedanken unseres Erdentages spürbar berührte, aber auch, wo wir ihn durch unser Verhalten aus unserem Leben hinausdrängten"[66]. Nach einem schönen Wort von Dietrich Bonhoeffer ist es „Christus im Bruder", der oft mehr erkennt und deutlicher unterscheidet „als Christus im eigenen Herzen".

Dabei ist es natürlich nicht gleichgültig, wem man sich eröffnet und von wem man Weisungen entgegennimmt. Derjenige, von dem man aus Erfahrung weiß, daß er nur gut zuredet, tröstet, bestätigt, allenfalls ein paar „handgestrickte" fromme Ratschläge gibt, ist meist nicht derjenige, der Verantwortung für mich vor Gott übernimmt und aus dieser Verantwortung heraus mich gegebenenfalls auch einmal hart anpackt und „gegen den Strich bürstet". Vor allem reicht „Frömmigkeit" allein nicht aus. Schon die hl. Teresa von Ávila klagte über die *frommen* und bat Gott stattdessen um *gelehrte* Beichtväter, nämlich um solche, die selbst über geistliche Erfahrung verfügen, die um die Unterscheidung der Geister wissen und andere mit Sachverstand beraten können.

So lautet also die siebente Regel: *Nur da spricht Gott mich wirklich an, wo ich bereit bin, einen Ruf oder eine geistliche Anregung dem Urteil anderer auszusetzen,* um im gemeinsamen Gespräch, gemeinsamen Nachdenken und gemeinsamem Beten eine Bestätigung zu empfangen.

Die hier zusammengestellten sieben Unterscheidungsregeln, die samt und sonders aus der langen geistlichen Tradition des Glaubens stammen, haben das eine Ziel, den Menschen hörfähiger zu machen und den unverwechselbaren Klang der Stimme Gottes von den vielen anderen Klängen und Geräuschen in uns zu unterscheiden. Denn nur dann ist Gehorsam, Hören auf Gott und Lebensübergabe an ihn möglich, wenn wir erkennen können, wohin sein Wort uns ruft und wie wir ihm Ant-Wort geben können.

V

Und wenn Gott schweigt?

Aber was ist, wenn Gott schweigt? Was ist, wenn wir nichts von ihm vernehmen? Was ist, wenn wir zwar ehrlich und aufrichtig rufen: Rede, Herr, dein Diener hört!, uns aber immer nur dunkles Schweigen entgegenkommt?

Gewiß, man wird dagegen einwenden können: Gott *hat* doch gesprochen und sein Wort *ist* lebendig im Zeugnis der Heiligen Schrift und im Leben der Kirche. Aber die persönliche „Stimmung" kann so sein, daß dieses Wort mich „subjektiv", d. h. gemäß meiner persönlichen Erfahrung, nicht erreicht, so daß in mir alles leer und dumpf ist. In solchen Situationen gilt die Weisung der geistlichen Väter, daß man sich gerade dann am „objektiv", d. h. in Schrift und kirchlicher Weisung, vorliegenden Wort Gottes gleichsam festzuhalten hat und auf diese Weise in sich den Raum dafür offenhält, daß Gott, so wie *er* und wann *er* will, sich erneut persönlich vernehmbar machen kann. Was aber hat das Schweigen Gottes zu bedeuten?

Ein Doppeltes ist hier zu unterscheiden.

1. Daß Gott schweigt, ist ein Zeichen seines Gott-Seins. Gott ist kein Götze, den man, wenn man nur zum Hören und zur kontemplativen Einkehr bereit ist, zu seiner geistlichen Selbstbefriedigung herbeizitieren kann. Was wäre das für ein Gott, der sich sogleich vernehmen ließe und unser Herz mit seiner Freude erfüllte, wenn wir ihm unsere Hörbereitschaft hinhalten. Gott ist der ganz andere, der verborgene, der sich entziehende. Er redet,

wann, wie und wo *er* will. Und er läßt uns oft sein Schweigen spüren, damit wir ihn als Gott und nicht als Götzen erfahren, als Person und nicht nur als Projektion der eigenen Sehnsüchte und Wünsche.

So gesehen, ist die Erfahrung des Schweigens Gottes nichts Schlimmes. Im Gegenteil! Wenn wir im Schweigen aushalten als solche, die auf Gott und sein Wort warten, und es ihm anheimstellen, wann, wo und wie er sprechen will, so beginnt gleichsam schon sein Schweigen zu „sprechen", dann dringen wir tiefer ein in die Wahrheit unseres Lebens: daß wir nämlich Menschen sind, die hungern und dürsten nach einem Wort Gottes, solange wir unterwegs sind, und daß es gilt, solchen Hunger und Durst nicht mit fadenscheinigen Ersatzbefriedigungen zu stillen, sondern auszuhalten in unserer armseligen Verwiesenheit auf Gott, auf sein tröstendes und weisendes Wort.

2. Anders ist die Sachlage einzuschätzen, wenn man längere Zeit hindurch *nie* Gottes Stimme hört, wenn man in sich keine Neigung und Unruhe, keinerlei innere Antriebe und Anregungen, die sich auf den Glauben und das Leben nach dem Evangelium beziehen, erfährt, wenn alles stumm und leer und tot bleibt und man im geistlich-religiösen Leben nur auf lange schon eingefahrenen Geleisen lustlos weiterfährt.

Was ist „längere Zeit"? Dies ist ein äußerst relativer Begriff, der *so* sehr von der persönlichen Situation jedes einzelnen abhängig ist, daß selbst eine ungefähre Charakterisierung gefährlich wäre. Um dennoch eine vage Grenze zu ziehen, läßt sich vielleicht sagen: Wer sich kaum noch daran erinnern kann, daß er jemals im Glauben Lebendigkeit, Freude und Trost und darin auch Neigungen, Anregungen und „Stachel" für ein entschiedeneres Nachgehen des Weges Jesu erfahren hat, muß sich ernstlich fragen: Ist es Gott, der schweigt, oder halte ich mir in Wahrheit die Ohren meines Herzens zu?

Wenn man Gottes Ruf und Stimme lange Zeit nicht beachtet, sondern im selbstgemachten Lärm des Alltags verdrängt, kann es zum Verlieren der Hörfähigkeit kommen. Man setzt sich ein immer dichteres Filter vor die „Ohren", das Herz wird hart und verliert alle Sensibilität; es reagiert nur noch im geschlossenen Kreis seiner selbst. Es kommt dann nach einem Wort von Werner Heisenberg in die Lage eines Kapitäns, dessen Schiff so stark aus Stahl und Eisen gebaut ist, daß die Magnetnadel seines Kompasses nur noch auf die Eigenmasse des Schiffes selbst zeigt statt nach Norden. Mit einem solchen Schiff kann man kein Ziel mehr erreichen. Es fährt nur noch im Kreis und ist der Strömung und dem Wind ausgeliefert[67]. So läuft das Leben leer aus.

Ist jemand auf diesem abschüssigen Weg, so heißt es, neu aufzumerken auf die Stimme des Ps 95, den der Hebräerbrief folgendermaßen kommentiert:

„Gebt acht, Brüder, daß keiner von euch ein böses, ungläubiges Herz hat, daß keiner vom lebendigen Gott abfällt, sondern ermahnt einander jeden Tag, solange es noch heißt: *Heute,* damit niemand von euch durch den Betrug der Sünde verhärtet wird; denn an Christus haben wir nur Anteil, wenn wir bis zum Ende an der Zuversicht festhalten, die wir im Anfang hatten. Wenn es heißt: Heute wenn ihr seine Stimme hört, verhärtet euer Herz nicht wie beim Aufruhr – wer waren denn jene, die hörten und sich auflehnten? Waren es nicht alle, die unter Mose aus Ägypten ausgezogen waren? Wer war ihm vierzig Jahre lang zuwider? Nicht etwa die Sünder, deren Leichen in der Wüste liegenblieben? Wem hat er geschworen, sie sollen nicht in das Land seiner Ruhe kommen, wenn nicht den Ungehorsamen? Und wir sehen, daß sie wegen ihres Unglaubens nicht hineinkommen konnten" (Hebr 3, 12 ff.).

Die Worte sind ernst und hart, doch sind sie nicht geschrieben, um aus der Frohbotschaft eine Drohbotschaft zu machen, sondern um Mut zum Neubeginn zu schenken. Im täglichen Hören auf Gott, im Unterscheiden seiner Stimme von den vielen anderen Geräuschen und Vorstellungen, gilt es je neu, die gehorsame Lebensübergabe an Gott zu verwirklichen. Deshalb: „Seid so gesinnt, wie es dem Leben in Jesus Christus entspricht ... Er war gehorsam bis zum Tod, bis zum Tod am Kreuz. Darum hat ihn Gott über alle erhöht ..." (Phil 2, 8 f.). Gehorsam endet nicht mit dem „Tod am Kreuz", sondern mit dem Eingehen in Gottes Herrlichkeit, in das ewig-selige Leben mit Christus.

Anmerkungen

[1] A. Mitscherlich, Auf dem Weg zur vaterlosen Gesellschaft, München 1963, 256, 260.

[2] D. Sölle, Phantasie und Gehorsam, Stuttgart – Berlin [2]1968, 13.

[3] Die deutsche Übertragung folgt der Einheitsübersetzung. Nach dem griechischen Text ließe sich auch übersetzen: „Seid so gesinnt, wie es auch Jesus Christus war". In dieser Übersetzung wäre noch deutlicher die Aufforderung zum Ausdruck gebracht: Verwirklicht die gleiche Haltung wie er!

[4] P. Claudel, Ars poetica Mundi, dt. Hellerau o. J., 81.

[5] T. Brocher, Das Ich und die Anderen in Familie und Gesellschaft, Stuttgart 1967, 80.

[6] Dabei ist nach einer Reihe von Exegeten durchaus offen, ob Jesus nicht nur den ersten Psalmvers von Ps 22, sondern den ganzen Psalm gebetet hat, der in die Haltung vorbehaltloser Hingabe einmündet. So würde auch die lukanische Überlieferung der letzten Worte Jesu nicht weit von der markinischen entfernt sein: „Vater, in deine Hände lege ich meinen Geist" (Lk 23,46). Auch das „Mißverständnis" der unter dem Kreuz Stehenden („Er ruft Elija": Mk 15,35) würde eine plausible Erklärung finden. Wenn Jesus, ganz auf der Linie von Ps 22,11, als Letztes gerufen hat: „Eli ′atta" – „Du bist mein Gott!", so war der Ruf phonetisch leicht verwechselbar mit „Elia′ ta′" – „Elija, komm!". Zum exegetischen Befund vgl. besonders X. Léon-Dufour, Face à la mort. Jésus et Paul, Paris 1979, 145 ff.

[7] F. Kamphaus, Der Gehorsam, in: J. Bours – F. Kamphaus, Leidenschaft für Gott, Freiburg – Basel – Wien 1981, 127.

[8] Jes 43,1 bezieht sich auf Israel als Gottesvolk, nicht auf den einzelnen Glaubenden. Doch wird schon in Jes 45,4 die gleiche Formulierung auf einen einzelnen (Kyros) bezogen. Darüber hinaus gilt ganz allgemein, daß gegen Ende der alttestamentlichen Zeit Aussagen, die ursprünglich Israel als Ganzem galten, auf den einzelnen Glaubenden bezogen werden.

[9] S. Kierkegaard, Die Krankheit zum Tode, Jena o. J., 91.

[10] Ebd.

[11] Zur Herkunft und Problematik dieses Begriffs vgl. die jüngst erschienene Studie von M. Theunissen, Selbstverwirklichung und Allgemein-

heit, Berlin – New York 1982. Theunissen zeigt, daß ursprünglich mit Selbstverwirklichung „die Vorstellung einer Entfaltung der je eigenen Individualität" gemeint ist (2). Damit verbindet sich aber im nachhegelschen Denken mehr und mehr die Meinung, „der Mensch könne seine Individualität nur entfalten, wenn er sich aus gesellschaftlichen Verhältnissen löst oder sich gar von allen zwischenmenschlichen Beziehungen zurückzieht" (2). Dieser negative Aspekt des Selbstwerdens *ohne*, ja *gegen* das „andere" und die anderen wird verständlich, wenn man bedenkt, daß sich damit der einzelne gegen seine gegenwärtige Funktionalisierung zur Wehr setzt: „Ich will mehr und anderes sein als das, was ich in meiner sozialen Funktion bin … Der Begriff des Selbstseins entwirft geradezu eine Alternative zu diesem rollenhaften Als-Sein, zu dem Sein, das mir als Glied von Gemeinschaften zukommt" (3). Das Individuum will sich mit dem Programmwort Selbstverwirklichung emphatisch einen Freiraum gegen schlechte Fremdbestimmung sichern. Doch wird dabei die Entfaltung der Individualität nicht selten als „Entfaltung von Macht, als ein Prozeß, in welchem der einzelne durch Abwendung von den anderen sich vor allem seiner selbst bemächtigt" verstanden (47 f.). Wo dies geschieht, wird übersehen, daß ich auch und gerade in meiner *Selbst*-Verwirklichung *Allgemeinheit* realisieren muß, das heißt, daß ich mich zwar je subjektiv, aber doch *als Menschen* (und *als Christen*) zu verwirklichen habe. Zwar ist das, was diese „Vorgabe" Menschsein heißt, außerhalb des christlichen Glaubens fraglich geworden, und das, was Christsein besagt, ist nicht einfach identisch mit einem übersichtlichen, fixfertigen Programm. Gerade deshalb aber bin ich auf „die anderen" verwiesen, um zu vernehmen, was Menschsein und Christsein ist und an Herausforderung an mich enthält. Mehr noch, ich muß es vom Wort Gottes her gesagt bekommen und hören (gehorchen), was im Prozeß meiner Selbstverwirklichung an „Allgemeinheit" subjektiv zu realisieren ist. Darum kann Selbstverwirklichung, schon philosophisch gesehen, ihren Ort nicht haben im Horizont eines abstrakten, rein individualistischen Subjekts-„Pathos". – Für weitere Konsequenzen siehe sowohl Theunissen, a. a. O. 47 f., als auch den Haupttext oben.

[12] H. U. v. Balthasar, Jesus nachfolgen – arm, ehelos, gehorsam (Antwort des Glaubens 27), Freiburg i. Br. 1982, 5.

[13] Siehe Summa Theologica I–II, 106, 1 f.

[14] Zwar theologisch in vielem ganz anders gefaßt, dennoch aber mit Paulus vergleichbar, stellen auch die anderen neutestamentlichen Schriften ein gegenüber dem Alten Testament verändertes Gesetzesverständnis heraus. Das gilt selbst für Matthäus, in dessen Evangelium das alte und neue Gesetz eine bedeutsame Rolle spielen. Aber auch für ihn ist die „neue Jesus-Norm ihrem Wesen nach nicht mehr in Regeln und Vorschriften zu erschöpfen …; sie besteht in der Preisgabe des ichhaften Willens schlechthin" (H. v. Campenhausen, Die Entstehung der christlichen Bibel, Tübingen 1968, 19), mithin in einem „übergesetzli-

chen" existentiellen Akt, der allein in der Nachfolge Jesu verwirklicht werden kann. Siehe E. Dassmann, Der Stachel im Fleisch. Paulus in der frühchristlichen Literatur bis Irenäus, Münster 1979, 103.

[15] Deswegen sind von „Gesetzen" aller vier Arten bereits die Schriften des Neuen Testaments und der frühen Kirche voll. Denn „nachdem die Relativität des Gesetzes, sein Unvermögen, das Heil zu vermitteln, gegen den vollmächtigen Anspruch der Erlösung Christi einmal dargestellt war", konnte das, „was lebensmächtig und religiös wertvoll am Gesetze war, ... in die Ordnung der Kirche mit eingehen": E. Dassmann, a.a.O. 106.

[16] Was ist Sünde? Freiburg – Basel – Wien 1982, 66.

[17] Schreiben der deutschen Bischöfe zu „Humanae vitae", in: HK 22 (1968) 485. Hervorhebung von mir. – Eine *gewisse* Erläuterung findet diese Erklärung in dem umfassenderen „Lehrschreiben der deutschen Bischöfe an alle, die in der Kirche mit der Glaubensverkündigung beauftragt sind" (Trier 1967).

[18] Das gilt selbst für das sogenannte irrende Gewissen. Siehe dazu die äußerst prägnanten Ausführungen von Thomas v. Aquin, De veritate 17,4.

[19] Vgl. zur Epikie die jüngst erschienene wichtige Arbeit von G. Virt, Epikie – verantwortlicher Umgang mit Normen, Mainz 1983, kurz zusammengefaßt: ders., Epikie – ein dynamisches Prinzip der Gerechtigkeit, in: Diakonia 13 (1982) 241–247.

[20] Expositio Magistri Humberti XII, zit. nach: J.-M. R. Tillard, Frei sein in Gott, Freiburg – Basel – Wien 1979, 49.

[21] Die frühere Regel, in: Die Werke, ed. Zürich 1979, 35.

[22] Tillard, a.a.O. 20.

[23] Im folgenden Abschnitt sind Darlegungen von K. Rahner, Was heißt Ordensgehorsam?, in: Wagnis des Christen, Freiburg – Basel – Wien 1974, 159–174, bes. 162ff., zusammengefaßt und wiedergegeben.

[24] Ebd. 169.

[25] I. Zeiger, Gefolgschaft des Herrn, in: Zeitschrift für Aszese und Mystik 17 (1942) 15.

[26] F. Kamphaus, Der Gehorsam, in: J. Bours – F. Kamphaus, Leidenschaft für Gott, Freiburg – Basel – Wien 1981, 166.

[27] Siehe dazu G. Greshake, Priestersein, Freiburg – Basel – Wien [3]1983, 63ff.

[28] Vgl. dazu auch G. Greshake, Die Wüste bestehen, Freiburg – Basel – Wien [3]1981, 77ff.

[29] Siehe dazu W. Lambert, Die wichtigste Viertelstunde des Ignatius, in: Korrespondenz zur Spiritualität der Exerzitien 28 (1978) 35–45.

[30] H. Spaemann, Christliche Konsequenzen, in: Christ in der Gegenwart 31 (1979) 352.

[31] Vgl. dazu J. Splett, Gehorchen ist menschlich, Sonderdruck des Informationszentrums Berufe der Kirche, Freiburg o.J., bes. 12ff.; A. Müller,

Das Problem von Befehl und Gehorsam im Leben der Kirche, Einsiedeln 1964.

[32] Spaemann, a. a. O.

[33] Die wichtigste Literatur zur „Unterscheidung der Geister" ist zusammengestellt bei M. Schneider, „Unterscheidung der Geister", Innsbruck – Wien 1983, 20–22; ferner: G. Switek, Unterscheidung der Geister – biblische Grundlage und geschichtliche Entwicklung, in: Ordenskorrespondenz 18 (1977) 59–70.

[34] Switek, a. a. O. 64.

[35] Ebd. 65.

[36] Ebd. 66.

[37] Einige Beispiele mittelalterlicher Traktate zur Unterscheidung der Geister finden sich bei G. Greshake – J. Weismayer (Hrsg.), Quellen geistlichen Lebens, Bd. 2, Mainz 1984.

[38] Weisung der Väter, hrsg. von B. Miller, Freiburg i. Br. 1965, 15.

[39] Heinrich von Friemar, Traktat über die Unterscheidung der Geister, hrsg. von R. G. Warnock u. A. Zumkeller, Würzburg 1977, 154.

[40] Ch. de Foucauld, Der letzte Platz, Einsiedeln ³1960, 52.

[41] Ein solcher Mißbrauch liegt z. B. gewiß vor, wenn es bei Parlamentswahlen Ansteckplaketten mit dem Text gibt: „Jesus würde N. N. wählen!"

[42] Heinrich von Friemar, a. a. O. 156.

[43] De Imitatione Christi III, 54, 2, Rom – Tournai – Paris 1946, 153 f.

[44] Heinrich von Langenstein, „Unterscheidung der Geister", hrsg. von Th. Hohmann, Zürich – München 1977, 64.

[45] Ebd. 76.

[46] Hugo von Sankt Viktor, Über die Meditation (Sources Chrétiennes 155), Paris 1969, 52 f.

[47] Heinrich von Langenstein, a. a. O. 66.

[48] Vgl. dazu den schönen Aufsatz von J. Sudbrack, „Richtet nicht!" Eine alte aszetische Weisheit und mehr als dies, in: J. Kremer u. a., Neues und Altes, Freiburg – Basel – Wien 1974, 55.81.

[49] A. Görres – K. Rahner, Das Böse, Freiburg – Basel – Wien 1982, 104.

[50] Görres, a. a. O. 105.

[51] Miller, a. a. O. 220.

[52] Heinrich von Friemar, a. a. O. 160.

[53] Deswegen lautet die erste Unterscheidungsregel der sog. 2. Woche im Exerzitienbüchlein des hl. Ignatius von Loyola (Nr. 329): „Es ist Gott und seinen Engeln eigen, in ihren Regungen wahre Fröhlichkeit und geistliche Freude zu geben, indem sie alle Traurigkeit und Verwirrung, die der Feind herbeiführt, entfernen. Und diesem ist es eigen, gegen die Fröhlichkeit und geistliche Tröstung zu streiten, indem er Scheingründe, Spitzfindigkeiten und ständige Trugschlüsse anwendet": Geistliche Übungen, hrsg. von P. Knauer, Graz – Wien – Köln 1978, 139.

[54] Wörtlich heißt es im Exerzitienbüchlein Nr. 186: „Als wäre ich in

meiner Todesstunde, die Form und das Maß erwägen, die ich dann in der Weise der gegenwärtigen Wahl eingehalten haben wollte. Und indem ich mich nach jener richte, soll ich in allem meinen Entschluß treffen": Knauer, a.a.O. 80.

[55] Vor einem solchen „Gleichtun" warnt ein altenglischer Traktat über die Unterscheidung der Geister vom sog. Autor der „Wolke des Nichtwissens" mit den eindringlichen Worten: „Schau, daß du kein Affe bist, das heißt, schau, ob deine Anregungen von innen, aus der Fülle der Liebe und der Frömmigkeit des Geistes kommen und nicht etwa durch die Fenster deiner leiblichen Sinne" (durch die man nur auf die anderen schaut): Ph. Hodgson (Hrsg.), Deonise Hid Divinite and other Treatises on contemplative Prayer related to the Cloud of Unknowing, London 1955, 69.

[56] Exerzitienbüchlein Nr. 332: Knauer, a.a.O. 140.

[57] Miller, a.a.O. 215.

[58] Ebd. 237.

[59] Hugo von Sankt Viktor, a.a.O. 58.

[60] Heinrich von Langenstein, a.a.O. 72.

[61] Miller, a.a.O. 237.

[62] Anonymus der „Wolke des Nichtwissens": Hodgson, a.a.O. 76.

[63] Spaemann, a.a.O.

[64] Miller, a.a.O. 15.

[65] Ebd. 231. – Hier als Ausspruch des Johannes Kolobos, der von Abbas Poimen zitiert wird, überliefert.

[66] Spaemann, a.a.O.

[67] Zitiert nach H. Thielicke, Menschsein – Menschwerden, München – Zürich 1976, 181.

Namenverzeichnis

Von Gisbert Greshake bereits im Verlag Herder erschienen:

Der Preis der Liebe
Besinnung über das Leid
5. Auflage. 78 Seiten, Paperback. ISBN 3-451-18138-X

Die Wüste bestehen
Erlebnis und geistliche Erfahrung
3. Auflage. 152 Seiten, gebunden. ISBN 3-451-18878-3

Gottes Heil – Glück des Menschen
Theologische Perspektiven
400 Seiten, gebunden. ISBN 3-451-19965-3

Geschenkte Freiheit
Einführung in die Gnadenlehre
2. Auflage. 128 Seiten, Paperpack. ISBN 3-451-17963-6

Naherwartung – Auferstehung – Unsterblichkeit
Untersuchungen zur christlichen Eschatologie
(zusammen mit Gerhard Lohfink)
4., erneut erweiterte Auflage. 232 Seiten, Paperback.
ISBN 3-451-02071-8

Wer ist der Mensch?
Was Theologie, Soziallehre und Pädagogik uns sagen
(zusammen mit Walter Friedberger und Winfried Böhm)
144 Seiten, Paperback. ISBN 3-451-19832-0

Priestersein
3. Auflage. 208 Seiten, gebunden. ISBN 3-451-19572-0

Verlag Herder Freiburg · Basel · Wien